掌尚文化

SALUTE & DISCOVERY
致敬与发现

基于复杂网络的供应链信任演化机理与测度模型研究
国家自然科学基金资助项目（71662007）

供应链信任的
演化机理与测度模型

THE EVOLUTION MECHANISM AND MEASURE MODEL OF SUPPLY CHAIN TRUST BASED ON COMPLEX NETWORK THEORY AND METHOD

张学龙 ◎ 著

图书在版编目（CIP）数据

供应链信任的演化机理与测度模型：基于复杂网络理论与方法 / 张学龙著. —北京：经济管理出版社，2020.8
ISBN 978-7-5096-7369-0

Ⅰ. ①供… Ⅱ. ①张… Ⅲ. ①企业管理—供应链管理 Ⅳ. ①F274

中国版本图书馆 CIP 数据核字（2020）第 152459 号

策划编辑：宋　娜
责任编辑：宋　娜　张鹤溶　张玉珠
责任印制：黄章平
责任校对：陈晓霞

出版发行：经济管理出版社
　　　　　（北京市海淀区北蜂窝 8 号中雅大厦 A 座 11 层　100038）
网　　址：www.E-mp.com.cn
电　　话：（010）51915602
印　　刷：唐山昊达印刷有限公司
经　　销：新华书店
开　　本：720mm×1000mm /16
印　　张：10.75
字　　数：199 千字
版　　次：2020 年 9 月第 1 版　2020 年 9 月第 1 次印刷
书　　号：ISBN 978-7-5096-7369-0
定　　价：98.00 元

·版权所有　翻印必究·
凡购本社图书，如有印装错误，由本社读者服务部负责调换。
联系地址：北京阜外月坛北小街 2 号
电话：（010）68022974　　邮编：100836

前　言

随着全球经济化发展，供应链上的企业内外部环境变得越来越复杂。供应链模式能够提高生产运作效率及企业效益，信任是供应链企业合作的基石，是其高效运作的保障，但供应链企业间的信任关系在我国的现状不容乐观，需进一步对其进行研究。本书以供应链信任为研究视角，基于复杂网络理论和方法，构建供应链信任网络演化模型和供应链企业间信任演化博弈模型，以揭示供应链信任的演化规律，探寻供应链信任的治理策略。

本书以供应链信任演化机理与测度模型为研究主线，基于复杂网络理论与方法来研究供应链信任演化博弈的机理、测度模型和治理策略。全书共分为八章：

第一章为绪论。具有概括性作用，在分析供应链信任研究现状的基础上，总结现代研究供应链信任的主流方法和主要视角，介绍了供应链信任的研究背景和研究意义，分析了供应链信任在国内外的研究现状，肯定了其研究成果的价值，同时也指出了其改进的方向。

第二章为相关理论知识。包括供应链的概念、信任的概念、信任的分类、供应链信任的影响因素等，同时分析了复杂网络理论的相关知识，包括复杂网络的定义、统计描述、基本结构模型和链路预测等，并介绍了博弈论的相关知识，包括博弈的定义和演化网络博弈的相关理论知识。

第三章为供应链信任测度模型建立。供应链信任测度是指预测一方企业被值得给予信任的程度，信任度值测算是研究供应链信任测度的核心内容，而信任度值测算过程包括了信任测度算法和评价测算结果的分析，应用复杂网络理论研究供应链信任度，利用五种不同的算法对供应链信任度进行有效的计算，并运用评价指标对算法的精确度进行考察，得到最有效的算法，将五种算法中精确度最高的算法与其他四种算法分别耦合，从而找到最佳组合算法，以更好地量化与描述供应链企业间的信任关系。

第四章为基于度分布的供应链信任网络演化研究。针对处于完全竞争市场的供应链企业的发展历程，依照构造复杂网络的优先联结机制，结合供应链信任度的测算方法，制定了供应链信任网络的演化机制，运用马尔可夫链方法，给出了供应链信任网络度分布服从幂律分布的条件，及该幂律分布的表达式，通过研究构建信任关系的意愿对供应链网络结构的影响，来寻找提高供应链网络信任水平的途径和供应链信任的治理策略。

第五章为基于博弈的供应链信任演化研究。运用博弈理论，结合博弈交互学习的特点，使用离散时间的马尔可夫链方法，构建一个能准确刻画供应链企业间信任博弈演化过程的模型，通过引入由交易环境导致的误差项，分别对包含正向误差与反向误差的供应链企业间信任博弈模型进行演化分析，以研究在不同交易环境下博弈的演化路径及演化均衡状态，分析交易环境对供应链信任博弈演化过程的影响，提出治理供应链信任的策略。

第六章为基于信任的新能源汽车供应链协调决策研究。运用三方的静态博弈和动态博弈方法，建立基于政府、企业、消费者三方的博弈模型，对静态博弈的均衡解进行求解并对最优解进行分析，阐述博弈主体之间如何相互影响，根据博弈主体的收益来设计激励协调机制；对动态博弈分析，通过逆向归纳法求解博弈主体如何选择最优的策略来优化自身收益，并根据博弈主体的收益来设计激励协调机制，最终达到新能源汽车供应链的整体协调。

第七章为YP能源企业供应链网络实证分析。以YP能源企业供应链为例进行实证分析，计算出该企业供应链网络的统计特征，结果表明该企业供应链网络是一个典型的小世界网络，再结合节点企业的中心性分析，发现该能源企业供应链存在严重的信任问题，利用五种算法测算出各节点企业间的信任值，并运用评价指标确定算法测算信任值的精确度，量化该能源企业供应链所有企业节点间的信任度，为该能源企业供应链中节点企业信任管理提供了理论依据。

第八章为研究结论与展望。主要包括本书的主要研究工作及进一步的研究展望与设想等。总之，本书基于复杂网络理论和方法研究供应链信任演化机理与测度模型，具有系统全面以及研究性和学术性的特点。

本书在写作过程中得到了桂林电子科技大学商学院王军进、覃滢樾和张丹丹三位硕士研究生的协助，并参考了大量相关文献资料，由于篇幅有限，并未在书中一一标出，特向文献、资料的相关作者表示衷心的感谢！同时本书在出版过程中得到了经济管理出版社的大力支持，在此一并表示感谢！

本书是国家自然科学基金项目"基于复杂网络的供应链信任演化机理与测度模型研究"（71662007）和广西自然科学基金面上项目"基于复杂网络的供应链信任智能建模方法"（2018GXNSFAA281311）的研究成果。

由于笔者水平有限，加之供应链管理理论与实践的迅速发展，书中难免有不当或疏漏之处，欢迎广大研究者批评指正。

目 录

第一章 绪 论/ 1

 第一节 研究背景/ 1
 第二节 研究意义/ 3
 第三节 国内外研究现状/ 4
  一、信任模型的研究现状/ 4
  二、供应链信任的国内外研究现状/ 6
 第四节 研究内容与方法/ 16
  一、研究内容/ 16
  二、研究方法/ 17

第二章 相关理论知识/ 19

 第一节 供应链及其结构/ 19
 第二节 供应链信任/ 20
  一、供应链信任的具体表现特点/ 21
  二、构建信任模型具备的条件/ 22
 第三节 复杂网络理论/ 22
  一、复杂网络的定义及理论发展/ 22
  二、复杂网络的分类/ 23
  三、复杂网络的统计描述/ 24
  四、网络拓扑基本模型/ 25
  五、链路预测/ 27
 第四节 博弈论/ 27
  一、博弈的定义/ 27
  二、演化网络博弈的定义/ 28
 第五节 本章小结/ 28

第三章 供应链信任测度模型建立/ 30

第一节 问题提出/ 30
第二节 基于链路预测的供应链信任测度模型构建/ 31
 一、供应链网络的输入和构建/ 31
 二、数据集划分和评价指标/ 32
 三、信任测度算法/ 36
 四、信任测度的耦合算法/ 40
第三节 本章小结/ 42

第四章 基于度分布的供应链信任网络演化研究/ 43

第一节 问题的提出/ 43
第二节 供应链信任网络演化模型/ 44
 一、供应链信任网络的构建/ 44
 二、供应链信任网络的演化机制/ 45
 三、供应链信任网络度分布/ 48
 四、供应链信任网络演化/ 51
第三节 仿真模拟与分析/ 52
第四节 基于内部因素的供应链信任治理策略/ 60
第五节 本章小结/ 62

第五章 基于博弈的供应链信任演化研究/ 63

第一节 问题的提出/ 63
第二节 供应链信任演化博弈模型/ 64
 一、供应链信任博弈的演化状态转移概率/ 64
 二、供应链信任博弈的演化稳定状态/ 65
 三、供应链信任博弈的演化平稳分布/ 66
第三节 存在误差的供应链信任博弈演化/ 67
 一、外部环境变化时的供应链信任博弈演化/ 67
 二、外部环境良好时的供应链信任博弈演化/ 68
 三、外部环境较差时的供应链信任博弈演化/ 69
第四节 数值模拟与分析/ 70
第五节 基于外部因素的供应链信任治理策略/ 73
第六节 本章小结/ 75

第六章　基于信任的新能源汽车供应链协调决策研究/ 76

第一节　问题的提出/ 76
第二节　新能源汽车/ 77
一、新能源汽车的概念/ 77
二、新能源汽车供应链/ 79
第三节　完全信任信息静态博弈的供应链协调决策模型/ 81
一、基于政府、企业、消费者的静态博弈分析/ 82
二、静态博弈模型分析/ 85
第四节　完全信任信息动态博弈的供应链协调决策模型/ 88
一、基于政府、企业、消费者的动态博弈分析/ 88
二、动态博弈模型分析/ 92
三、基于动态博弈的激励协调机制设计/ 94
第五节　广西新能源汽车供应链协调决策应用分析/ 97
一、案例介绍——广西东风柳州汽车有限公司/ 97
二、政府补贴在供应链协调决策中的应用/ 99
三、东风柳汽新能源汽车补贴参数设置和计算/ 109
四、政府补贴机制设计/ 114
第六节　广西新能源汽车供应链协调发展的相关建议/ 116
一、对政府部门的建议/ 116
二、对企业的建议/ 118
三、对消费者的建议/ 119
四、对政府、企业、消费者的总体建议/ 120

第七章　YP能源企业供应链网络实证分析/ 122

第一节　YP能源企业简介和概况/ 122
第二节　YP能源企业供应链网络的统计特征分析/ 124
第三节　YP能源企业供应链网络的中心性分析/ 126
第四节　YP能源企业供应链网络信任测度计算/ 128
第五节　本章小结/ 135

第八章　研究结论与展望/ 136

第一节　研究结论/ 136
一、构建基于度分布的供应链信任网络演化模型/ 136

二、构建供应链信任演化博弈模型／137
三、构建信任测度模型／138
四、基于信任的新能源汽车供应链协调决策研究／138
五、提出供应链信任的治理策略／139

第二节 研究展望／140
一、增强供应链信任网络演化模型的普遍适用性／140
二、提供供应链信任水平提升的支撑数据／140
三、扩展供应链信任演化博弈中的博弈方数量／140

附录一 数据集划分的 Matlab 代码／141

附录二 AUC 计算的 Matlab 代码／143

附录三 YP 能源供应链网络中节点企业间连接情况／145

附录四 介数中心性和接近中心性值／149

参考文献／151

第一章
绪　论

第一节　研究背景

　　从整体性看，供应链是一个目标一致的企业间协作的复杂系统；从单一性看，供应链是一个多目标冲突的复杂系统。复杂性不但体现在各构成实体、系统结构等方面，而且表现在实体与环境间的相互作用。随着经济的快速发展，供应链面临的环境变得更为复杂，尤其是彼此间的信任问题较为突出。供应链模式是经济发展的现实需要与内在要求。消费需求的多样化要求企业更准确地满足消费者各种独特的需求，运输能力的显著提高能够为企业实现更准确、更高预测精度的配送，信息技术的高速发展为企业提供了便捷、准确的沟通渠道。在市场需求和科学技术的推动下催生出了一种新型的合作关系，即供应链管理。沃尔玛百货有限公司依靠卫星通信系统、电子信息系统、配送服务系统，形成全球采购、全球销售的供应链模式。飒拉（ZARA）的设计一体化供应链，以快速响应市场，缩短供应链环节，将产品从设计到上市的周期压缩至最短10天。杭州娃哈哈集团有限公司采用由间接渠道和密集分销组成的供应链分销渠道模式，使其经销商遍布全国，以致中国的边远地区、广大的农村地区都能看到娃哈哈的身影。所以供应链模式能够提高企业的运作效率，并为企业带来利益。

　　供应链战略是基于相互依存、相互合作的渠道安排，所以企业主体须打破组织边界，与供应链成员企业建立信任关系，这样才能创造供应链的价值。对比日本汽车公司与美国汽车制造商发现，日本汽车公司更倾向于与供应商建立互信关系，而美国汽车制造商则无此倾向，同时日本汽车公司的绩效也高于美国汽车制造商。丰田汽车公司因与其供应商建立了长久稳定的合作关系网络，从而形成了高水平的互信关系，使其与供应商能够自由地进行一些特殊的、非正式的交易，从而降低了对正式合同的依赖性，提高了交易的灵活性和效率，而这是通用汽车公司所不能及的。

北美汽车供应链在2008年金融危机时便出现了严重的信任危机。2010年丰田汽车公司在中国因产品故障发生召回事件，从而导致人们对丰田汽车的信任度下降。2011年东风柳州汽车有限公司的旗下霸龙卡车被曝出存在严重的质量问题，企业出现信任危机。2012年中国房地产行业的龙头企业万科集团因业主维权事件遭遇一场严重的消费者信任危机，购房者对万科集团的信任感在短期内难以恢复。2013年频发的食品安全事故使国内有机食品出现信任危机。2014年沃尔玛百货有限公司因食品质量问题，遭受了难以回避的信任危机。2015年华为手机因为质量原因出现"耗电门"事故，造成了人们对华为技术有限公司的信任丢失。在信息传播如此发达的时代，消费者对企业失去信任肯定会影响企业间合作的信任，而这种信任危机可能会导致供应链中企业的退出，新企业的加入会使供应链结构缺乏稳定，暴露出供应链信任问题的严重性。2017年6月，菜鸟网络科技有限公司与顺丰速运中断数据传输，致使淘宝快件的物流信息查询受阻，影响到了生鲜农产品的流通业务。虽然双方对此次事件的起因各执一词，但可以看出菜鸟联盟和物流供应商顺丰速运，因数据共享问题没有建立沟通机制，缺乏合作信任，从而侵害了消费者的合法权益，影响了市场交易秩序，致使双方合作破裂。因此，供应链企业间的合作若缺乏信任则将会对多方产生不利影响。

供应链上企业出现产品质量问题导致供应链信任危机是毋庸置疑的，但是出现供应链信任危机的原因肯定是基于多方面的因素，其中最为重要的两个原因：第一，有些企业认为没必要和其他企业建立战略层面的合作关系，不需要"深交"，认为只要在操作层面和业务层面进行合作。总而言之，它们其实并没有意识到建立战略层面上的合作可能会给企业带来更多的发展机遇。第二，企业间战略层面上的合作关系需要承担更大的风险，伴随着合作的深入很有可能会对自身组织结构进行相应的变革，而变革的风险和机遇又是难以预期的，所以大多数供应链中的企业不愿意承担类似的风险。在这种背景下，研究供应链企业间的信任问题以及如何建立供应链企业间的相互信任就显得尤其重要。

供应链网络是一个复杂系统。首先，供应链运作模式包括多个企业主体，可分为供应商网络、一体化企业、市场分销网络。其次，供应链运作集成多种活动，是从最初原材料的采购到产品进入市场的一系列过程。再次，供应链企业间的交互关系，其影响因素众多，程度不同，交错影响。最后，供应链的高度动态性，供应链企业可以随意地进入和退出供应链。因此，供应链的研究可立足于企业间的信任关系，从宏观的复杂网络视角，融合多学科对其进行动态分析。

第一章 绪 论

第二节 研究意义

信任是供应链合作企业能够顺利完成交易的最基本的保证，企业间的彼此信任有助于提高整体供应链的效率，有助于降低交易成本，有助于减少机会主义。基于复杂网络视角下研究供应链的信任问题，不管是对提高企业的核心竞争力，还是对供应链的信任管理，都具有重要意义。

从理论价值上看，第一，识别供应链信任网络的结构特征。基于复杂网络理论，按照优先联结机制，结合供应链信任度的测算方法，制定了供应链信任网络的演化机制，并运用马尔可夫链方法，分析了供应链信任网络度分布存在的条件及服从幂律分布的条件。由此根据检验条件，可识别供应链信任网络的结构特征，即在一定的条件下，供应链网络可演化为无标度网络。第二，识别供应链信任博弈的演化稳定状态。基于博弈学习理论，结合博弈交互学习的特点，运用离散时间马尔可夫链方法，构建供应链企业间的信任博弈演化模型。通过引入由交易环境导致的误差项，以识别不同交易环境下博弈的演化路径及演化均衡状态。正向误差使供应链信任博弈的演化稳定状态趋于各博弈方都选择信任策略，而反向误差使供应链信任博弈的演化稳定状态趋于各博弈方都选择背叛策略。第三，揭示供应链信任的演化规律。利用复杂网络理论和演化博弈理论，分别构建供应链信任网络演化模型和供应链信任博弈演化模型，以探索供应链信任网络动态系统的演化路径，分析供应链信任网络的演化均衡及其稳定性，揭示供应链信任网络的演化动态过程及演化规律。

从现实价值上看，第一，治理供应链的信任危机。利用供应链信任网络的演化规律和供应链信任的影响因素，控制供应链信任网络的演化进程和演化结果。分别从供应链企业间的内部因素和外部因素，提出治理供应链信任危机的策略。基于内部因素的供应链信任治理策略架构具有无标度的供应链网络，引导供应链网络中的主导企业采用基于信任度的合作伙伴的选择机制。基于外部因素的供应链信任治理策略建立信任追踪机制，创造良好的交易环境，宣传诚实守信的职业品质等。第二，促进供应链企业间建立优质高效稳定的合作关系。通过对供应链信任危机进行治理，提高供应链企业间的信任度，从而建立良好的合作关系。第三，提高供应链的生产运行效率。供应链企业间良好合作关系的建立有利于供应链整体的生产运作效率和服务水平的提高。

第三节 国内外研究现状

供应链信任的研究对于供应链管理有着深远的影响，目前国内外专家学者们从不同的方面对信任问题进行了探讨，并深入研究了供应链信任问题，取得了大量的研究成果。本节首先对有价值的文献进行梳理，其次总结分类，为下面的研究提供重要参考。

一、信任模型的研究现状

很多领域的专家学者都对信任模型进行了研究，包括电子商务、社会学等，构建的信任模型给供应链信任的研究带来巨大的启示。目前大多数是基于声誉或信誉、基于不同信任类别以及基于信任值集类型构建的信任模型。

1. 基于声誉或信誉构建的信任模型

基于声誉或信誉构建的信任模型是通过合作双方的声誉来推测信任度，大概可以分为以下四种类型：

（1）考虑了影响因素的信任模型。Marsh（1994）将评估合作对象的重要性和实力量化，结合效用和合作的风险构成一组变量来衡量信任度，并利用时间作为参数，提出了四种变量合成的方法，最终得到了一种计算信任度的模型。Abdul等（2000）认为可以通过信任来应对环境的复杂性和不确定性，并基于声誉机制提出了虚拟介质的信任计算模型。Huynh等（2006）在开放的多智能体系中，应对各种各样的（突发）环境变化，提出了信任评估计算模型。Kamvar等（2003）在P2P的环境下，利用信任的传递并通过迭代相互满意度提出了一种EigenRep信任模型。Dou等（2004）针对传统的P2P信任模型不能很好地解决计算迭代的收敛性，而且没有考虑安全问题，提出了一种考虑多种影响因素的全局信任模型，并通过数学分析和仿真结果表明，相对于目前的信任模型，该模型具有更可靠的信任安全和更完整的迭代计算对等信任。Resnick等（2002）认识到声誉的传递可以阻止道德风险和阻止企业进入坏的市场中，其将置信因子与局部和全局的声誉进行耦合，提出了一个综合信任模型。Xiong等（2004）基于交易的反馈系统，构建节点的自适应信任模型，并在一个结构化的P2P网络中利用三种基本的信任参数，最后结合纯分布式提出了一种信任测度方法。

（2）基于贝叶斯网络的信任模型。Wang 等（2003）根据在对等网络中的信任和信誉模型，并结合不同方面的信任说明了贝叶斯网络可以提供一个灵活的方法来呈现差异化的信任。数值仿真结果表明网络中的企业交流其经验和建议所得到的结果优于彼此间不信任所得到的结果，信任增加了交易成功的概率。赵洁等（2009）基于贝叶斯网络，并利用用户行为提出了信任测度算法，量化信任等级，采用聚类和分布密度函数来设置参数，此模型可有效地对用户信任行为进行预测与评价。王东等（2017）为了处理推荐行为来源复杂性、路径多样性、不信任性等问题，提出了一种在社交网络中利用信任驱动推荐的方法。詹涛等（2010）利用统计学原理对交易记录进行分析，在开放式的系统环境下提出了基于贝叶斯网络的信任模型，实验结果证明该模型在面对多种类型用户的网络中提高了交易成功的概率。

（3）基于模糊逻辑推理的信任模型。针对 EigenRep 模型的缺点，Song 等（2005）提出了一种新的基于模糊逻辑推理的 P2P 信誉系统 Power Trust，该系统能够较好地处理对等信任报告中的不确定性、模糊性和不完全信息，通过易趣网交易数据的系统测试，展示了该模糊信誉系统具有反模糊化效果。Ramchurn 等（2003）构建了一种融合信誉和声誉的信任模型，在模型中使用模糊集针对过去交易记录进行评价以便建立彼此之间新的关系。Zhou 等（2007）建立了一个 Gossip Trust 声誉聚集信任模型，计算网络中所有节点的全局信誉分数，通过 Gossip 协议可以避免恶意节点的干扰。仿真实验表明 Gossip Trust 声誉聚集信任模型具有可扩展性、精确性、鲁棒性和容错性。张兴兰等（2008）综合分析了 P2P 系统的信任问题，提出了一种高度自治的信任测度模型，提高网络的适应性，开拓了信任管理的新思路。陈超等（2010）在开放的网络中提出了一种基于模糊主观信任模型，并证明了该模型能够更有效地防止恶意推荐。胡和平等（2008）引入模糊理论研究信任，通过对 Einstein 算子进行改进，结合哈希表机存储信任度值，仿真验证了该模型可以提高 P2P 网络交互成功率。Bharadwaj 等（2009）利用模糊计算模型中的信任和信誉的概率，合理地将互惠和经验用于信任建模，并且将信誉模型扩展为一个模糊信誉模型。Tajeddine 等（2011）提出了在分布式系统中相互作用的宿主保护声誉的综合模型。

（4）基于联通关系的信任模型。Golbeck 等（2004）利用信任网络的联通关系进行信任度值测算，如果企业之间有连接，那么便可以直接询问请求，否则就从邻居逐一扩展。路松峰等（2009）通过模拟社会网络的联通关系，提出了基于 P2P 网络信任管理模型，实验证明该模型可以减少交易时的网络负担。Gan 等（2009）介绍了一种发现虚拟电子市场的社会信任网络图形表示方法，并制定了一些符号的图形描述规则，从人们日常生活中的信任常识出发，探讨了如何重建信任网络。Sabater 等（2001）考虑到社会层次的结构，并将其延伸至电子商务领域的信任模型中，提出了一个新的信任模型。

2. 基于不同信任类别构建的模型

（1）基于局部信任的模型。一般基于局部信任的模型，信任度值源于直接交互企业之间的直接经验。李凤岐等（2016）针对如何避免个人信息被恶意用户窃取和泄露，提出了一种双向的计算局部信任值的算法 TWIT。Zhang 等（2009）基于网络的局部信息，引入时间衰减因子和经验因子建立了信任模型，结果表明时间衰减因子和经验因子可避免声誉价值衰减过快的现象。

（2）基于全局信任的模型。在这种信任模型中，信任度值取决于与本体所有相关节点的评价信息。Aberer 等（2001）提出了考虑节点抱怨信息的全局信任模型，综合一个节点所有抱怨信息作为信任的参考。Kamvar 等（2003）在一个开放性网络中，充分考虑节点间信任传递，构建了一种基于全局信任的模型，通过满意度迭代获取信任度。Wang 等（2010）提出了基于 P2P 电子商务的 Adapt Trust 模型，该模型是基于全局信任的模型，根据等体之间的评价信息反馈，计算出等体间的直接信任。

3. 基于信任值集分类构建的模型

按照节点信任值集分类构建的模型可以分为：基于二元求值的模型和基于信任值连续的模型。

（1）基于二元求值的模型。二元求值主要是利用求和、差、方差、均值等数学运算求出来交易结果的评价，统计出正面评价和负面评价数，综合正负评价数作为计算节点信任度的标准，全球最大拍卖网站 eBay 正是采用该种信任模型作为评价节点的信任值。

（2）基于信任值连续的模型。将信任度值固定在［0，1］区间内，且是一个连续集合，每个节点的信任度值取决于计算规则。Wang 等（2006）为了推断在不同方面的行为信任，将信任度值固定在 0 到 1，使用多维度来评价相互之间的信任，最后将信任的风险与机遇结合，帮助用户做出最优决策。Yu 等（2004）讨论了现有的信任机制，在 P2P 网络中提出了一种分布式信任模型，模型将信任度值控制在 0 到 1，通过数值模拟表明了该信任模型可以检测出恶意或不可靠的合作者。

二、供应链信任的国内外研究现状

供应链信任问题在国外得到较早的研究，此后在国内获得广泛关注，目前已获得了丰硕的研究成果，理论体系得到不断地丰富与完善。供应链信任的研究内容涉及概念定义研究、影响因素研究、建立过程研究、治理机制研究等，研究视角也从微观层面上的企业间的关系研究，到中观层面上的供应链的整合研究，再到宏观层面上的供应链网络的行为研究，从静态研究到动态研究，研究方法包括实证分析方法、模拟仿真方法、案例研究方法等。

1. 国外相关研究成果

通过梳理国外近十年的供应链信任的相关文献，发现国外对供应链信任的研究主要集中在供应链信任的定义与分类的理论分析、供应链信任的影响因素的实证研究、供应链信任的影响作用的实证研究、供应链应急管理的规范研究及供应链信任网络的仿真研究。其中供应链信任的影响因素包括信息共享、可靠、善意、能力等，供应链信任的作用主要为对供应链的绩效、创新、知识传播、决策支持、治理机制等的影响，供应链信任的网络研究致力于探索供应链网络结构特征对供应链信任网络的影响。

Laeequddin 等（2010）把风险划分为特征、理性、制度和安全这四个维度，基于此构建了多层次的供应链信任测量模型，认为供应链的信任关系主要体现在特征信任、理性信任（成本、效益、能力、技术）、制度信任或安全系统，并指出要想降低风险可建立信任。而其他大多数文献关于信任的研究侧重于供应链成员的仁慈、正直、可靠性、可信度等的特征，可见 Laeequddin 的信任研究更能体现出供应链企业间信任的特质。Li 等（2012）具体研究了理性信任中的能力信任，将能力信任定义为合作伙伴履行合约的能力，并设计了一种识别能力信任的方法。

Chen 等（2011）研究了供应链关系中信任与承诺的前因问题，分别探讨了信息共享、信息质量及信息有效性对供应链信任与承诺的影响，研究发现信息质量水平与信任水平、信息有效性程度与信任水平、信息共享与承诺，这三者都呈正相关关系。Hemmert 等（2016）研究了供应商对买方信任的相关因素，将制度和买方行为视为信任的影响因素，其中制度因素体现在法律保护、政府支持、社会网络，买方行为表现为协助、程序公正、分配公正，根据相关数据分析显示在不涉及买方行为的情形下，法律保护和政府支持都与供应商信任呈正相关关系。但在涉及买方实践的情形下，法律保护通过三种买方行为的共同调节作用来影响供应商对买方的信任，政府支持通过买方行为中的协助、程序公正的调节作用来影响该信任，而社会网络通过分配公正的调节作用间接影响该信任。

Ebrahim-Khanjari 等（2012）探索了销售人员的社会特征和所获得的信任对供应链的影响。这里的销售人员既是制造商的代表，也是与零售商分享需求预测信息的人员，研究表明销售人员的社会特征，如诚实、自私、善良、忠诚等，影响着零售商对其的信任度，其中销售人员的善意行为会增强其与零售商的信任关系。Han 等（2015）将两级供应链中的零售商视为需求预测信息的分享者，供应商根据需求预测信息和其对零售商的信任度来确定其最佳产量。而 Fu 等（2016）扩展性地研究了三级供应链中零售商与中间商之间的信任关系，根据中间商推荐的订货量与实际的市场需求量的对比结果，构建出零售商对中间商的信任更新模型，研究发现不夸大订货量的善意中间商能够获取较高的信任度，并实现效益最大化，而故意夸大订货量的自私中间商获得的信任度将会迅速下降。无论需求预测信息的提供方是销售人员，还是零售商，抑或中间商，研究结果都显示信息提供方只有采取仁慈的行为才能获取信息需求方的信任。这些文献都体现了信息共享是信任的基础，说明了信息对称与否关系着信任程度的高低。但这里的信任主要考虑信息需求方对信息提供方的单向信任，而信任是相互的、双向的，所以这里研究的信任关系较为片面。虽然需求预测信息的提供方通过实行仁慈的行为会获得需求预测信息需求方的信任，并可获取长远利益，但不乏采取机会主义行为的信息提供方，所以 Pezeshki 等（2013）为识别分散在供应链中合作伙伴的诚实与欺骗行为，提出了基于信任的奖惩协调机制，测试结果表明基于信任的决策机制在任何情况下都优于没有基于信任的决策机制。

Paterson 等（2008）运用案例分析方法研究了供应链信任的 12 个影响因素，发现信息共享、可靠性及工作标准这三个影响因素都能提升供应链的实际绩效。Terpend 等（2012）研究了权力、信任、供应商网络规模对供应商绩效的交叉影响，其中供应商的绩效评价包括交付、质量、成本、创新和灵活性这五个维度，研究结果显示供应商对买方的信任与供应商绩效的五个维度都呈现出正相关关系。Cai 等（2013）研究了信任与权力对买卖双方之间知识共享的影响，研究显示信任对技术交流与技术转让这两种知识共享形式均产生显著的影响。Fawcett（2012）利用两阶段定性研究方法，提出了一个刻画信任形成过程的动态系统模型，以增强供应链的合作、创新及竞争力。

Ojha 等（2016）认为组织间的信任和学习是供应链创新和供应链保持长期竞争力的关键因素，数据分析指出当建立一个创业型和创新型的供应链时，信任和学习起着重要的作用。Michalski 等（2014）研究了供应链中信任与信息技术创新对组织绩效的影响，并对成熟市场和新兴市场的供应链做了对比分析，研究发现成熟的市场更利于创新，而在新兴市场中，较高水平的信任并不一定能够提高信息技术的创新力度。由此看来，信任的影响力与创新力都将受到市场成熟度的影响。Meqdadi（2017）对生物化工行业供应链网络中的八家企业进行访谈调查，来研究供应链企业之间的关系对供应链网络中企业的可持续发展的影响，案例分析表明强制性权利、非强制性权利及信任都显著地影响着供应链企业在可持续发展计划中的参与意愿，所以供应链成员间的信任促进了可持续性计划的实施。

Chang 等（2014）分别提出了多维度的信任和声誉模型，并设计了基于多重标准的决策方法，仿真结果表明该模型能够有效过滤掉说谎客户的不公平评分，且该方法能为客户提供正确的决策。Ayadi 等（2013）将信息共享程度与信息质量作为客户信任的评价指标，并根据信息共享的维度，运用模糊决策支持系统，评价出客户信任程度，进而提供决策依据。Poppo 等（2016）比较分析了基于奖惩机制的计算型信任与基于历史行为和共同特征的关系型信任，并指出两种信任均对供应链绩效产生积极影响。即当供给市场的不确定性较大时，关系型信任与供应商绩效的关联度更大，当行为的不确定性较大时，计算型信任与供应商绩效的关联度更大。

Alvarez 等（2010）针对雀巢咖啡的供应链网络，提出了一个为期五年的供应链治理机制的创建与演化框架，实证分析发现供应链治理机制初期主要依靠非正式机制，而信任关系的构建是早期治理机制的关键要素，也是供应链治理第二阶段的基础。Giannoccaro（2011）利用 NK 模型研究了集成供应链的治理方式，并指出集中化的网络治理形式能够有效地实现供应链一体化。Talamini 等（2010）从社会网络角度，研究人际关系中的信任问题，并将信任作为治理机制的核心，把该治理机制引入农业企业中。

Tatham 等（2010）关注人道救援供应链网络，研究在仓促中所形成的供应链网络的快速信任问题，通过建立快速信任模型，分析促进快速信任的条件，指出第三方信息、共同规则及沟通环境都对供应链信任的快速建立至关重要。Papadopoulos 等（2017）采用大数据分析方法来研究灾难供应链网络的恢复问题，研究表明快速信任、信息共享、公共私人关系是恢复供应链网络的关键因素。Wilson 等（2017）研究了消费者在食品安全事件发生的前中后不同时期中对食品系统的信任重建问题，研究认为信息透明、积极响应、重视消费者、与利益相关者合作、口径一致是重建消费者对食品信任的关键因素。可见在供应链应急管理中，信息共享对供应链快速信任的建立至关重要，供应链信任的建立将有助于风险事件善后工作的有效开展。

Capaldo 等（2015）将供应链视为一个复杂的自适应系统，运用 NK 模型，研究供应链的相互依存结构对供应链网络层级信任的影响，通过分析 10 个具有代表性的供应链网络结构模型，研究表明供应链的依存度越高，供应链的信任度越低。并指出高效的跨组织网络的两个特征，一是组织成员的决策不受组织内其他成员决策的影响，二是组织具有较低的依存程度。这样的组织利于协调组织成员的个人利益与组织网络的整体利益，降低组织成员采取机会主义行为的风险，并提高供应链网络层级的信任度。Capaldo（2015）基于适合度景观理论，构建信任、依存程度、依存结构与供应链信任绩效的概念模型，研究供应链的相互依存结构与相互依存程度在供应链信任与绩效的正相关关系中所起到的作用。仿真分析与回归分析均表明供应链的相互依存结构在供应链的信任与绩效的正向关系中起到调节作用，而相互依存程度在供应链信任与绩效的正相关关系中的调节作用则不显著。此外 Capaldo 还建议在具有环形结构、小世界结构与随机结构的供应链中发展信任关系，而不建议在无标度结构的供应链中建立信任，这与此前提出的高效组织网络的特征要求一致。这里采用网络的视角，将供应链视为一个复杂网络系统，运用适合度景观理论，从宏观角度研究了供应链的网络结构对供应链成员企业的信任行为及供应链整体绩效的影响，为研究供应链信任提供了崭新的理论视角。

Hou 等（2014）考虑供应商的选择规则，构建动态供应链网络，聚焦个体行为与环境因素对供应链的影响，以探索信任对供应链绩效与供应中断风险传播的影响，仿真结果表明基于信任的选择规则是选择供应商的首选方法，因为信任可以显著提高供应链网络的资金运行效率，同时也可以适度地减弱由供应链中断所造成的影响。这一研究结果与其他文献的研究结果一致。同样是选取复杂网络系统的角度来研究供应链，但 Capaldo 侧重研究供应链网络结构对供应链整体的影响，而 Hou 则更关注供应链成员企业的个体行为与外部环境对供应链整体的影响。Galaskiewicz（2011）从社会网络角度讨论供应链管理问题，指出信任应该是供应链网络的焦点，认为具有小世界特性的供应链网络能够增强这一小群体的信任，这与 Capaldo 等的结论不谋而合，而且该类供应链网络能够将预测信息和创新通过这一小群体传达至网络中的其他群体。此外还强调了动态网络的可视化对于描述供应链网络演化的重要性。

Tsai 等（2016）基于人工神经网络，建立了供应链绩效持续改进的决策模型，利用神经网络的监督学习机制来分析供应链绩效。同时 Tsai 还提出了"逆"神经网络模型，以判断供应链关系质量的条件。结果表明，信任对供应链绩效的影响最大，其中供应链成员之间关系的质量随着技术动荡频率的增加而对绩效产生积极的影响。Long（2015）结合供应链网络的复杂特性，构建了三维的供应链演化模型，这三个维度分别为物流、信息流、时间流，并通过模拟仿真提出了一种基于解耦模型与异步并行的时间流协作方案，从而解决了在分布式异度虚拟环境中供应链成员的时间协调问题。该研究在现有基于网络结构动力学的供应链网络演化模型的基础上，增加信息与时间这两个因素以拓展供应链网络演化模型，丰富了其实践价值。

2. 国内相关研究成果

通过梳理国内近十年的供应链信任相关文献，发现国内对供应链信任的研究主要集中于供应链信任的影响因素、供应链信任的影响作用、供应链信任的评估、供应链信任的演化博弈、供应链信任网络及供应链信任关系的治理等方面。而供应链信任的研究较多地运用了实证分析、模拟仿真等方法，研究角度也多为微观角度。

在石岿然等（2014）研究中，通过分析生产型企业的145份买方样本，表明声誉、人际信任、沟通质量认知、共同的价值观、专用投资资产及制度环境均对买方信任产生显著的正向影响。曾敏刚等（2014）研究了信任、政府支持与供应链外部整合之间的关系，结果显示政府支持对客户信任有显著的正向影响，对供应商信任的影响也是如此，且信任对供应链外部整合有显著的正向影响。

叶飞等（2009）探寻了供应链企业间信任、关系承诺、信息共享和营运绩效之间的影响作用，研究结果显示供应链企业间信任明显并积极地影响着其余三者，而信息共享只明显并积极地影响着营运绩效。贺锋等（2010）用假设检验方法研究了学习与信任的交互作用对供应链竞争力的影响。陈文波等（2015）研究了企业间信任、强制权力与供应链内跨企业信息系统应用的关系，研究结果显示企业间信任对跨企业信息系统的研发性应用有积极的影响，同时对系统的探究性应用的影响也是如此。柯洪等（2015）用数据分析了信任的三个维度与EPC工程供应链管理绩效的关系，数据显示信任对该绩效有明显的正向影响，其中认知信任和情感信任均对其产生正向影响，但制度信任的影响作用并不明显。龙勇等（2016）分析了供应链协作、信任及产品创新之间的关系，数据分析结果指出能力信任在供应链协作与渐进式产品创新的关系中起调节作用，善意信任在供应链协作与突变式产品创新的关系中起调节作用。张海燕等（2017）单独考察了制度信任，从制度实际有效性与制度期望有效性的差距出发，分别研究了制度信任与供应链企业协作有效性的关系，以及制度信任偏离度对再次合作意愿的影响作用，研究结果证明了制度信任对供应链企业间的协作信任与再次合作意愿具有重要的影响作用。

王先甲等（2014）认为信任是供应链成员合作的重要因素，考虑零售商与供应商之间的相互信任，构建预测信息共享的博弈模型，研究显示了信任在信息共享中的重要作用。李亮等（2014）同样引入信任随机变量来研究信息共享问题，但该研究侧重于价格补偿机制对信息共享的促进作用。徐刚等（2015）关注服务关系对信息共享的作用，构建了服务价值模型，并证明了供应商提供高价值的服务将促进制造商提供真实的市场信息，同时反过来也增加了供应商对制造商的信任，若供应商提供低价值的服务则取得相反的效果。

张学龙等（2011）基于特征信任，包括供应链成员自身特征、合作伙伴特征、与合作伙伴的关系特征和合作潜力特征，构建了供应链成员信任水平的评价指标，并利用Vague集理论计算信任评价指标值，并以此对供应链成员进行聚类分析。牛景春等（2015）根据模糊理论，提出了基于产品价格、产品质量和产品耗时的交易满意度评估方法，进而建立了基于交易满意度、交易额度、交易时间、交易频数和奖惩力度这五个因素的供应链企业间直接信任度评估模型。张怡等（2016）构建了快速信任的评估模型，以研究人道救援物流中快速信任的形成问题，表明信誉在快速信任的构建中至关重要。根据以上文献的信任评价指标可知，所评估的信任类型主要为特征信任、历史交易记录信任、声誉信任。而李辉等（2008）归集组织信任的基本特征，使用体现契约信任、能力信任和意愿信任的诊断指标体系，提出了组织产生信任危机可能性的灰色群诊断方法，较全面地评估了供应链信任。林强等（2012）采用马尔可夫过程和柯西满意度的函数模型，建立了企业可信度分析函数，以预测未来合作企业的可信度。

苗世迪等（2011）将信任视为虚拟供应链企业的行为策略，并对虚拟供应链企业间的信任进行博弈分析，指出完善第三方信息服务机构将驱使企业采取信任策略。罗晓娜等（2014）运用声誉模型，研究了团购网站与商家之间的信任关系。经过多阶段动态博弈分析可知，双方建立战略合作伙伴关系利于维持信任关系，此外第三方信任监管机构利于双方的沟通与信息传递。石岿然等（2014）构建了制造商与零售商信任关系的演化博弈模型，在两群体的演化模型中无演化均衡，但在供应链企业间信任关系的演化中，为使系统的演化均衡为高水平信任须提高其预期收益、降低其成本，提高双方对合作的重视程度，还有建立公平有效的收益共享及风险共担机制。王玲（2010）根据KMRW声誉模型，运用博弈论分析了供应链成员间信任的产生机理与影响因素，提出了供应链成员间信任的治理机制，该机制涉及制度、友善与震慑等方面。陆杉（2012）为改善农产品供应链的信任，提出了一系列农产品供应链企业的管理机制，该机制涉及了企业的进入门槛、奖惩制度、行为准则、信息传递及交流的渠道。

杨瑾（2014）基于复杂网络视角，研究了供应链网络嵌入对供应链绩效的影响，实证研究显示供应链网络嵌入对供应链绩效具有显著影响，且节点度是供应链网络结构嵌入的核心维度，而信任是其关系嵌入的核心维度。供应链网络结构嵌入被纳入供应链绩效的影响因素中，显示了网络结构的重要作用，为供应链研究提供了新的理论研究视角。但此处对网络结构的知识没有准确把握，研究结果未能达到预期。此处结构嵌入的两个维度，即中心度与中介中心度是通过具体的指标变量进行刻画的，而在网络结构理论中，这两个维度是运用关于网络属性的式子来刻画的，所以此处的供应链网络结构嵌入并未真正体现出供应链网络的结构特点。寿志钢等（2011）针对由供应链交易构成的纵向网络和由联保贷款构成的横向网络，来研究网络类型在银行对中小企业贷款行为进行信任评价过程中的影响作用。调研分析指出在纵向网络中，银行对中小企业的还款能力较为信任，而在横向网络中，银行对贷款企业的还款意愿较为信任。文献的研究内容与研究主题较为契合，但研究方法与分析过程有待加强。文献采用深度访谈的定性研究方法，并对数据进行了简单的描述性统计分析，但因没有进一步细致地进行推断性统计分析，所以结论的可信度被削弱了。陈建军（2009）基于信任视角，通过讨论在不同模式的信任下不同网络结构对不同知识类型的转移效果，来研究供应链网络结构与知识转移动力机制的关系。推论得出强关系网络基于谋算信任将推动专有知识和核心知识的转移，弱关系密网基于权威信任将支持通用知识的转移，弱关系疏网在认知信任的调节下将促进通用知识、核心知识和专有知识的转移。

鄢章华等（2010）根据不同的信任氛围，相应地设计了不同的信任传递机制和叠加机制，来分析供应链网络均衡的形成及其稳定性，分析指出信任氛围是供应链信任关系的保健因素。鄢章华另辟蹊径地提出信任传递机制的构想，让人眼前一亮，但信任是否可以传递，信任随着链条增长是继续传递下去，还是到某一节点就终止，这都需要进一步探讨。虽然结论肯定了信任氛围的作用，但信任氛围具有保健因素作用的这一说法不太准确。根据赫兹伯格的"双因素理论"，当保健因素变差时，人们对工作持不满意态度，当保健因素变好时，人们的不满态度就会消除，但不会感到满意，即保健因素只能消除不满，不能带来满意。而根据文献中信任氛围的作用，信任氛围应为激励因素，而不是保健因素。

张群洪等（2010）分别选取了投入专用性和信任作为中介变量，以研究两者在信息技术与关系治理的关系中所发挥的作用，结果发现信任在以上关系中呈现出明显的正向调节作用。肖静华等（2010）分别讨论了组合治理机制和单一治理机制对供应链信息系统价值创造的影响，体现了信任治理机制在不确定环境下对信息系统价值创造的促进作用。李晓等（2017）基于区块链技术，提出了供应链智能治理机制体系，该体系有效地衔接了供应链的客观运作层和主观治理层，解决了供应链治理的信任风险问题和机会主义风险问题。该文献聚焦当下供应链治理的问题和当前互联网发展的趋势，适宜地借鉴互联网治理机制体系，构建出供应链智能治理机制体系，为供应链治理提供了新的治理视角。

虽然该供应链智能治理的框架体系的内容较为丰富，但由于缺乏数据或实例的论证，未能体现该治理体系的实际效用。

3. 国内外研究现状评述

国内外关于供应链信任的研究已有20余年，积累了丰富的研究成果，逐步构建起供应链信任的知识体系，供应链信任的研究具有一定的特点。

第一，供应链信任的研究领域广泛。从最初供应链信任的定义、类型划分，到供应链信任的影响因素、影响作用，再到供应链信任的测量、治理机制设计等。

第二，研究供应链信任所运用到的研究方法较少。主要为实证研究与模拟仿真研究，实证研究方法多用于供应链信任的影响因素与影响作用的研究，模拟仿真方法多用于供应链信任的测量、演化博弈等的研究。供应链信任研究借鉴的理论丰富多样，包括博弈论、系统工程理论、模糊理论、交易理论、社会学习理论等。其中，博弈论运用于供应链信任的演化博弈研究，系统工程理论与模糊理论运用于供应链信任评估研究，交易理论与社会学习理论多运用于供应链信任治理机制的研究。

第三，供应链信任在国外的研究比在国内的研究更加多样。在研究内容上，国外对于供应链信任的研究，除了供应链信任影响因素、影响作用、信任测算的研究外，还有供应链网络结构、网络行为等研究，而国内的研究则较少涉及其网络研究，反而有较多的演化博弈研究。在研究方法上，国外除运用实证分析和模拟仿真外，案例分析也有所使用。

第四，供应链信任丰富的知识体系为供应链信任的治理提供了指导方向，为供应链管理提供了理论保证，为供应链信任的复杂研究夯实了理论知识基础。供应链信任的定义明确了供应链信任的研究对象与研究内容，供应链信任的影响因素明确了供应链信任治理的关键，供应链信任的作用体现了供应链信任的价值，为供应链信任的治理机制提供了经营供应链的方案。

第五，供应链信任研究正不断地深化和创新。在研究视角上，供应链信任研究从主要集中于供应链企业间信任的影响因素和影响作用等的微观层面，逐渐扩展到供应链整个链条或整个网络信任的中观层面和宏观层面。在分析方法上，从静态分析逐渐深入到动态分析。

虽然供应链信任已得到深入的研究，知识体系也得到不断地完善，特别是在供应链信任的界定、相关因素、影响作用、计算评估这些方面，但是供应链信任的研究还有不足之处。

第一，未能充分展现出供应链信任的双向互动性。供应链是由两两企业的业务关系而形成的合作链条，企业合作基于相互的信任，合作是企业双方达成合作意愿的结果，所以信任是企业双方合作意愿的体现。单方面的合作意愿并不能达成合作共识，同时单向的信任并不能客观地反映企业间的信任关系。在大多数关于供应链信任度测算的文献中，信任的测算主要是某一企业对另一企业的单向性计算，而这常被用来描述这两个企业的信任关系。但是信任关系应具有双向互动性，所以这两个企业的信任关系不能由任何一方的信任所决定，需要考虑双方的信任才能准确地描述这两者的信任关系。因此目前的文献对信任关系的阐述较为片面。

第二，未能有效体现具有供应链特征的信任关系。信任关系更多地体现在人际关系中，而供应链企业间的信任关系从个体间的信任关系延伸过来，所以供应链企业间的信任关系与个体间的信任关系既有共同点，也有异同点。在供应链信任的影响因素中，既包括人际关系的社会特征，如仁慈、忠诚、诚实、自私等，也有组织关系的利益因素、制度因素、信息共享因素等，但供应链的组织结构、网络架构则没能在供应链信任中有所体现，致使供应链信任的特征没能有效地体现。

第三，供应链信任演化模型中的影响变量选择过于单一与陈旧。供应链信任公认的影响因素都被应用到各种模型中，但是供应链模式在不断发展，新的影响变量或许对其产生重大影响，所以在构建模型时应考虑将这些新的影响因素加入其中，以提高模型的有效性，例如网络结构可视为新的影响因素。

第四，关于供应链信任在宏观层面的研究较少。无论是供应链信任的划分，还是供应链信任的测算，或是供应链企业间信任关系的建立与发展的研究，都是基于微观角度个体间的研究。随着经济的发展，新业态不断涌现，合作链条不断延长，个体合作形式更加多元化，合作网络结构逐渐清晰，这就需要转换供应链信任的研究角度，要站在供应链网络这一宏观视角来研究供应链的信任与其网络结构之间的关系。虽然目前已有学者开始关注供应链信任在网络层面的研究，但是要想进一步完善供应链信任的知识体系，还需深入研究。

第五，关于供应链信任在演化博弈等的动态研究还不够深入。关于供应链信任的研究多集中于供应链信任的影响因素、影响作用等的静态研究，供应链信任影响因素的研究指出供应链信任受到信息共享、权利、承诺等因素的影响，但这些因素对供应链信任的动态影响则鲜有学者进行研究。虽然目前关于供应链信任的动态研究逐渐增多，如供应链信任的建立、信任水平更新、演化均衡、传递、持续性等，但其在模型构建、模拟仿真、理论推导等方面仍有提升的空间。

第六，供应链信任的研究成果应用价值较小。供应链信任影响因素的研究多运用实证研究,其研究成果经科学推理获得,具有一定的可信度。但供应链信任模型的构建,如供应商与零售商的信息共享模型、供应链信任的演化模型、供应链信任的传递机制等,是否符合实际的供应链运作,都有待讨论。所以供应链信任模型构建得合理与否也影响着供应链信任关系治理效用的大小。

第四节 研究内容与方法

一、研究内容

1. 国内外研究现状及理论基础论述

本书在分析供应链信任研究现状的基础上,总结现代研究供应链信任的主流方法和主要视角。由于供应链发展迅速,供应链中的信任问题需从新视角进行剖析。首先提出供应链、供应链信任等一些基本定义,其次列出网络的统计特征,并具体到供应链网络中,最后阐述链路预测思想。

2. 供应链信任的测度模型

供应链信任测度是指预测一方企业被值得给予信任的程度,信任度值测算是研究供应链信任测度的核心内容,而信任度值测算过程包括信任测度算法和评价测算结果的分析。应用复杂网络理论研究供应链信任度,利用五种不同的算法对供应链信任度进行有效计算,并运用评价指标对算法的精确度进行计算,得到最有效的算法,以其为基准耦合另外四种算法,从而找到最佳组合算法,以更好地量化与描述供应链企业间的信任关系。

3. 基于度分布的供应链信任网络演化研究

针对处于完全竞争市场的供应链企业的发展历程,依照构造复杂网络的优先联结机制,结合供应链信任度的测算方法,制定了供应链信任网络的演化机制,运用马尔可夫链方法,给出了供应链信任网络度分布服从幂律分布的条件,及该幂律分布的表达式。通过研究构建信任关系的意愿度对供应链网络结构的影响,来寻找提高供应链网络信任水平的途径及供应链信任的治理策略。

4. 基于博弈的供应链信任演化研究

利用博弈学习理论,结合博弈交互学习的特点,运用离散时间的马尔可夫链方法,构建一个能准确刻画供应链企业间信任博弈演化过程的模型。通过引入由交易环境导致的误差项,分别对包含正向误差与反向误差的供应链企业间信任博弈模型进行演化分析，以研究在不同交易环境下博弈的演化路径及演化均衡状态，分析交易环境对供应链信任博弈演化过程的影响，提出治理供应链信任的策略。

5. 建立三方博弈模型

运用三方博弈的静态和动态博弈方法，建立基于政府、企业、消费者三方博弈模型，对静态博弈的均衡解进行求解并对最优解进行分析，阐述博弈主体之间如何相互影响，根据博弈主体的收益来设计激励协调机制。对动态博弈进行分析，通过逆向归纳法求解博弈主体如何选择最优的策略来优化自身收益，并根据博弈主体的收益来设计激励协调机制，最终达到供应链的整体协调。

6. 供应链信任测度实证分析

首先，以 YP 能源企业供应链为例进行实证分析，计算出该企业供应链网络的统计特征，结果表明该企业供应链网络是一个典型的小世界网络。其次，结合节点企业的中心性分析发现该能源企业供应链存在严重的信任问题。最后，利用五种算法测算出各节点企业间的信任值，并运用评价指标确定算法测算的信任值的精确度，量化该能源企业供应链所有企业节点间的信任度，为该能源企业供应链中节点企业的信任管理提供了理论依据。

二、研究方法

1. 对比分析法

对比研究国内外相关文献，借鉴国内外研究供应链信任成果，指出现在研究供应链信任存在的一些问题，同时也为现阶段供应链的研究提供方法和思路，开拓了研究供应链信任的视角。

2. 系统科学方法

系统科学方法是从系统的观点出发，研究要素之间的关系，分析系统的功能，揭示研究对象的系统性质和运动规律的方法。将供应链信任视为一个系统，供应链节点企业视为该系统的要素，节点企业间的信任关系则为要素之间的关系。通过研究供应链节点企业间的信任关系，分析供应链信任网络的结构来揭示供应链信任网络的演化规律。

3. 模型化方法

模型化是先选取实体系统中的一些因素，而后用一定的方式，如数学、图像等，来描述实体系统的构成、行为和功能的方法，即构造模型的过程。供应链信任网络演化模型反映了供应链企业在市场中的活动，即通过与网络中的企业合作而加入一个新的网络，此后在该网络中不断与其他企业构建合作关系，同时适时地解除与低信任度企业的合作关系。此外供应链信任演化博弈模型反映了供应链企业根据历史交易结果进行策略选择的动态过程。

4. 模拟法

模拟法是将所研究的对象用其他手段加以模仿，它不直接研究现象或过程本身，而是先分析该现象或过程，接着构建一个与之相似的模型，然后再分析该模型，进而间接地研究此现象或过程的方法。根据供应链信任网络演化模型，利用计算机软件对供应链信任网络的形成与演化过程进行模仿，取得供应链信任网络的结构图及供应链信任网络的度分布图。此外根据供应链信任博弈演化模型，通过模拟供应链信任博弈的演化过程来识别供应链信任博弈的演化均衡状态。

5. 实例分析法

对 YP 能源企业供应链网络进行实证分析，通过网络的统计特征和中心性分析发现该供应链上存在信任问题，利用链路预测进行有效地预测信任链接可能性大小，通过实证检验供应链信任测度模型的有效性。

第二章
相关理论知识

第一节　供应链及其结构

供应链（Supply Chain）是生产扩大化后的产物，其主要核心是控制企业的物流、信息流、资金流，该过程覆盖了原材料采购、进厂加工、成品入库、商品销售、售后服务等全过程。供应链的发展具有漫长的过程，即发展初期阶段为物流管理阶段，其主要是为了优化企业内部的业务流程、降低物流成本、提高企业运转效率，解决的是原材料采购、库存、生产和销售部门之间的协调问题；中期阶段为价值增值阶段，随着市场需求环境变化速度的加快，供应链中成员开始重视消费者的地位，因此注入了市场需求分析，从而形成了产品动态过程的增值链；深入发展阶段为网链阶段，随着信息技术的发展，沟通效率的提升，使得企业间的距离感不断缩小，企业关系呈现网络化趋势，人们对供应链的认识更加注重企业核心竞争力之间的合作关系。从全局出发、从系统角度考虑产品竞争力的新思维方式形成，使得供应链从一种运作工具成为一种运营管理的新体系。

随着 IT 技术不断进步以及企业业务全球化的发展，供应链管理成为企业保持竞争优势的一种不可或缺的手段。市场需求变化加快，使得产品更新换代的速度变快。然而，这也给企业带来了许多挑战。例如：采购、生产和配送周期缩短、产品质量提高、成本控制的压力。不同企业在发展过程中侧重点会有所不同，这使得企业的核心竞争优势出现差异，通过供应链管理体系建立了一种新合作模式。通过结合彼此间的优势提升企业之间的竞争优势，供应链模式从简单的"单链"供应链联盟发展到"星形"供应链联盟，再到"网链式"，这种变化说明了不同企业需要通过联盟合作的方式来对抗市场需求变化带来的竞争压力。在 21 世纪，企业之间的竞争演变成不同供应链联盟之间的竞争，无论在各行各业，科学地运用供应链管理将占据发展的制高点。

随着对供应链不断地深入研究与应用，供应链管理已经成为企业管理的核心位置，许多世界500强的企业（例如，丰田汽车公司、通用汽车公司、IBM、DELL等）纷纷加入这股热潮之中。企业界以及学术界的研究成果表明，供应链管理已经成为竞争胜利的必要利器。供应链管理的研究从"单链"发展到"星形"再到"网链式"，其强调每个环节之间的衔接环节，对于供应链管理的研究逐渐形成多个方面，例如供应链信任机制、协同机制、结构优化机制、创新机制等。

供应链的结构是由物流、信息流、资金流三部分构成，三部分中又存在原材料供应商、生产制造商、分销商、零售商以及消费者，其中关系错综复杂，构成一个网链式结构，如图2-1所示。供应链企业之间存在串行、并行的关系，每一个企业作为供应链联盟中的一个节点，节点与节点之间存在利益关系。

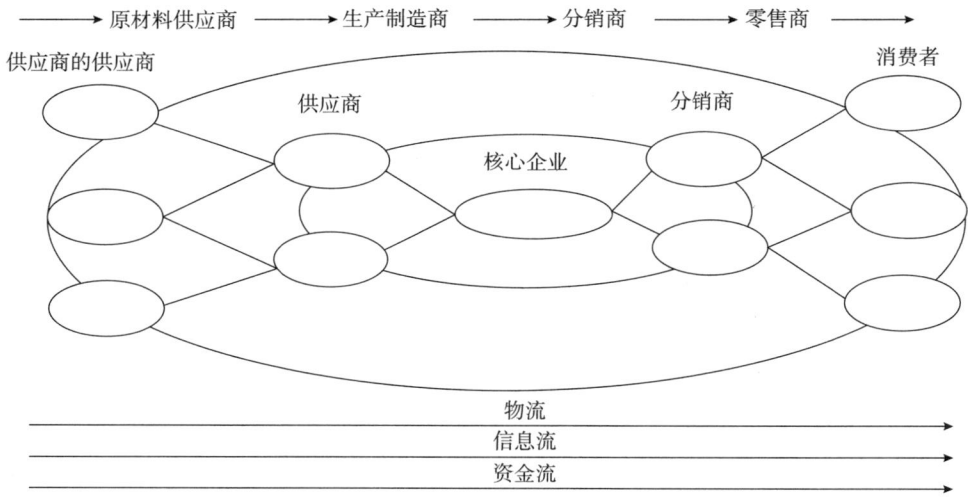

图 2-1　供应链结构

供应链结构是一个动态变化的过程，指在联盟中不断会有企业的加入及退出，甚至出现供应链联盟之间的并购、重组等，这些动态的变化过程受诸多因素的影响，例如，技术更新换代、市场宏观环境变化、企业经营状况改变等。

第二节　供应链信任

供应链在合作关系、市场环境等表现出复杂性，也使得供应链信任可能随时发生动态变化，让供应链管理的可控性难度增加。国内外学者在对供应链管理的研究中发现，供应链信任机制在不可控性中发挥着重要作用，信任可以减少供应链各成员之间在交易过程中的成本，强化企业间的合作关系，在维护复杂、动态的供应链管理方面具有重要的意义。

对于什么是供应链信任，目前有很多定义，但是不可否认的是长期稳定合作关系的保持离不开信任机制。本节在阅读分析了诸多学者对供应链信任的研究，对供应链信任的相关概念进行定义：

定义 1 表示供应链中寻求合作主体企业与客体企业在未来的合作中，对方所能满足交易要求的一种期望值或期望程度则为供应链信任。

定义 2 表示将主客体之间期望值或期望程度可视化即为供应链信任量化。一般是利用数值、级别、区间等表示出来。

定义 3 表示将主客体之间的信任关系传递给第三方为供应链信任的传递。第三方往往与主客体之间存在某种直接或者间接的业务合作关系。随着传递过程的进行，传递的效果会逐渐衰减，如图 2-2 所示。

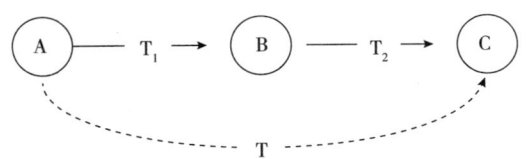

图 2-2　信任传递

法律制度的不健全、信息共享的不全面、不完善的信息、多变的市场环境等均会影响供应链信任的稳定性。

一、供应链信任的具体表现特点

1. 利益的冲突性

在供应链联盟中，每个成员皆追求自身利益最大化，不会主动关心其他企业和整体供应链的利益。在现实中，个体利益目标往往和整体目标冲突。因为利益关系在企业间非常容易产生分歧，个体自主逐利行为会影响成员之间的信任关系，也会导致供应链整体效率降低。

2. 关系的复杂性

因为业务合作的需要，企业会和不同的企业进行合作，有可能是上游企业，有可能是下游企业，也可能是平行的兄弟企业，各类的合作关系造成了自身所在链条中的角色不同，合作关系引起了角色的复杂性。关系的复杂性体现出信任管理的困难，可能其中一个信任关系出现问题将会影响着其他信任关系。

3. 行为的不确定性

供应链企业节点行为存在不确定性。由于市场环境的动态以及政策变化，促使供应链联盟的主客体之间制定不同的合同、条款、契约，从而应对外部因素的影响。而面对合同，企业的行为存在不确定性，有时候宁可违背合同或者签约去争取更多的机遇，所以合同、条款、契约应该建立在相互信任的基础之上。

二、构建信任模型具备的条件

1. 动态性

由于供应链的动态性会引起企业间关系的不断更新，合作成员的构成可能会随时发生变动，由于成员的退出或者终止合作，会改变企业对其他合作者的信任关系。因此要求构建信任模型时应考虑整体的动态性，包括企业加入、退出引起供应链结构的变动。

2. 时间相关性

相关性体现的是时间价值，供应链信任值会随着时间的变化呈现出衰减的特性。因此在信任模型的构建过程中需要体现对衰减机理的研究。

3. 低算法复杂性

低算法复杂性要求信任模型在支持大规模节点的环境下，同时要满足基本的在计算性能环境下的仿真要求。现实中供应链联盟内部复杂，参与的企业众多，造成模型内部节点基数庞大，这样在计算过程中可能带来大量的计算成本，不利于模型的建立，因此在避免指数泛滥的同时要求信任模型具有较低的算法复杂性。

第三节 复杂网络理论

一、复杂网络的定义及理论发展

复杂网络是指具有复杂结构和动力学行为的大规模系统，该网络图的组成元素包括大量的节点及节点之间的许多连边，其中节点表示的是复杂网络的基本单元，连边则表示基本单元之间的交互关系或影响作用。复杂网络的定义尚未得到统一。钱学森则为复杂网络下了一个较为严格的定义,即具有自组织、自相似、吸引子、小世界、无标度的部分或全部性质的网络称为复杂网络。

近年来复杂网络的研究引起了人们的关注,特别是网络结构复杂性与网络行为的关系研究,而复杂网络理论是从数学的图论发展过来的。18世纪伟大的数学家 Euler(1736)对著名的"哥尼斯堡七桥问题"进行了研究,由此开创了数学中的图论研究,在一定程度上来讲,今天研究的复杂网络是从 Euler 当年研究的"七桥问题"延伸过来的,体现了网络结构与网络性质的相关关系。此后在20世纪60年代,同样是数学家的 Erdös 和 Rényi(1959)构造了随机图理论,为复杂网络理论的系统性研究提供原动力。在随后的40年里,复杂网络的研究都是在随机图理论的基础上开展的,其在今天的研究中也有着重要作用。随后 Milgram(1967)通过小世界实验提出了六度分离理论,揭示了人际关系的"小世界"特征,而 Granovetter(1973)发现了网络中弱连接的强度。到了20世纪末,复杂网络的研究在数学以外的其他学科中得到了发展,Watts 和 Strogatz(1998)通过构建小世界模型发现了复杂网络的小世界特征,Barabási 和 Albert(1999)则发现了复杂网络具有无标度特性。以上两项研究成果的取得标志着复杂网络的研究由此进入了新阶段。复杂网络的研究经过不断的发展,取得了突破性进展,知识体系得到完善,为各学科的研究提供了一种新的研究方法。

复杂网络表示网络中的节点和连线可能是有规则地连接,有可能是随机连接,也有可能是两者结合的连接。网络动态性和构成元素多样性等导致了网络的复杂性,节点和连线代表了事物和关系,而且连线还可以具有相应的权重。事物的产生或消失,关系的增加或减少都会导致网络的结构发生改变,那么如何刻画网络呢?

刻画网络通常采用的方法是图论理论。图的基本元素 $G=(V,E)$,V 表示节点的集合,E 表示连接边的集合。如果节点 1 连接节点 2 的线与节点 2 连接节点 1 的线是同一条边,那么该网络称为无向网络;反之则称为有向网络。

二、复杂网络的分类

一般的复杂网络可以分为:规则网络、随机网络、小世界网络和无标度网络。

1. 规则网络

规则网络表示节点与边具有规律的映射关系,网络结构是确定的,每个节点的地位和度是完全相同的。

2. 随机网络

随机网络表示节点与边具有不确定的映射关系。Erdös 和 Rényi 是最早用概率统计方法研究随机图,并提出了随机网络模型。

3. 小世界网络

小世界网络表示介于规则网络和随机网络之间的单参数网络,节点以一定概率连接,称为 WS 网络。

4. 无标度网络

无标度网络表示在每一个时间步中增加一个新的节点,而且以某种规则与其他节点进行连接,Barabási 和 Albert 称该种网络为无标度网络模型,简称为 BA 模型,BA 网络具有小世界效应。

三、复杂网络的统计描述

为了全面地刻画供应链网络,选取了度分布、聚类系数、平均路径长度、网络密度等统计特征对其进行定义,并将其与供应链网络进行有机的联系。

定义 4 设节点 v_i 的连边的数目为 k_i,那么节点 v_i 的度记为 k_i,$\rho(k)$ 表示为网络中度为 k 的节点数占总节点数的比例,称为节点的度分布。

一般而言,供应链网络中某一节点企业的度越大,表明与该企业连接的节点越多,那么该企业在供应链中的地位就越重要,但不是在所有网络中度越大的节点越重要。

定义 5 设 k_i 为节点 v_i 的度,l_i 为节点 v_i 的 k_i 个邻居节点之间的连边数目,则 v_i 的聚类系数表示为 $C_i = \dfrac{2l_i}{k_i(k_i-1)}$,那么网络的聚类系数平均值 $C = \dfrac{\sum_{k_i>1} C_i}{N'}$。

定义的聚类系数只是对度大于 1 的节点有意义,N' 表示所有度大于 1 的节点数目。供应链网络中节点的聚类系数越大,邻里节点间连接就越紧密,这也意味着与其他非邻里节点的传递性越强。对于供应链中的物流配送而言,可以更快地完成供应链网络中的物流配送和集结,实现快速反应。

定义 6 设节点 v_i 到 v_j 之间的距离为 d_{ij},d_{ij} 等于连接两节点的最短路径并包含边的数目,那么网络的平均路径长度为 $\bar{d} = \dfrac{\sum_{i \neq j} d_{ij}}{N(N-1)}$,其中 N 表示节点总数。

定义 6 中的"距离"是指网络结构的拓扑距离,而不是现实中两个企业之间的地理距离。对于实际的供应链网络而言,路径长度表现为企业的成本(时间成本和距离成本),较小的路径长度代表着产品到最终用户的中转次数。

定义 7 设网络的总节点数为 N,已有连接为 E,那么网络的密度表示为 $MD = \dfrac{2E}{N(N-1)}$。

网络密度与企业交易成本、学习成本、企业技术创新等有关,供应链网络合作演化的过程就是网络密度由低到高的过程。

在对复杂网络进行分析时,中心性是一种衡量网络中节点重要性的方法。度中心性(节点的度)是衡量节点重要性最直接的方法,下面介绍另外两种常用的中心性:

定义 8 网路中节点对最短路径中经过节点的数目占所有最短路径数的比例称为该节点的介数中心性。假设 m_{pq} 是节点 p 到 q 的最短路径数,n_{pq}^i 为从节点 p 到 q 的最短路径中经过节点 v_i 的数目,则节点 v_i 的介数中心性为 $BC(v_i) = \sum_{p \neq q \neq i} \dfrac{n_{pq}^i}{m_{pq}}$。

介数中心性可理解为衡量某节点在基于最短路径的策略下信息量的吞吐量,代表了一个节点在网络中的资源控制程度。

另一种与最短路径相关的中心性叫作接近中心性,是指节点到网络中其他所有节点最短距离之和。

定义 9 假设 l_{ij} 为节点 i 到节点 j 的最短路径的数目,N 为网络总节点数,则节点 v_i 的接近中心性为 $CC(v_j) = \sum_{i \neq j} l_{ij} (i \in N)$。

某节点的接近中心性越小,表示该点在网络中越处于核心地位,该节点不受其他节点控制的能力越强。在实际分析过程中的网络必须是完全相连的,因为若某个节点与其他节点都没有相连,那么该点的接近中心性最小。因此,在分析接近中心性之前必须将网络转化成完全相连图。

四、网络拓扑基本模型

1. 规则网络

规则网络是指系统中所有节点都按照某一规则进行连边而形成的网络。规则网络有三个基本类型,即全局耦合网络、最近邻耦合网络、星形耦合网络。全局耦合网络是指系统中全部节点都相互连接的网络。该网络的平均路径长度最短,但聚类系数最高,且均为 1。最近邻耦合网络是指系统中所有节点都只与其周围的邻居节点相连的网络。当 K 为较大的偶数时,该网络的聚类系数为 $C_{nc} = \frac{3(K-2)}{4(K-1)} \approx \frac{3}{4}$,当 K 为一固定的偶数时,该网络的平均路径长度为 $L_{ac} = \frac{N}{2K} \to \infty$($N \to \infty$)。星形耦合网络是指系统中所有节点都只与其中某一节点相连接的网络。该网络的平均路径长度为 $L_{star} = 2 - \frac{2(N-1)}{N(N-1)} \to 2$($N \to \infty$),而聚类系数为 $C_{star} = \frac{N-1}{N} \to 1$($N \to \infty$)。

2. ER 随机网络

ER 随机网络是指以概率 p 连接系统中两个任意的节点而形成的网络。该网络中的边数约为 PN(N-1),平均路径长度 L_{ER},近似于 $LN/Ln\langle k \rangle$,聚类系数为 $C = p = \langle k \rangle / N \ll 1$,表明该类网络没有聚类特性,平均度为 $\langle k \rangle = p(N-1) \approx PN$,度分布为 $p\langle k \rangle = \binom{N}{K} p^k (1-p)^{N-K} \approx \frac{\langle k \rangle^k e^{-\langle k \rangle}}{K!}$,服从泊松分布。

3. WS 小世界网络

WS 小世界网络既不是规则网络,也不是随机网络,是处于这两种网络之间的网络,是在规则网络上随机重新连边而形成的。该网络的平均路径长度较短,但聚类系数较高,平均路径长度为 $L(p) = \frac{2N}{K} f(NK^p/2)$,其中 $f(u) = \begin{cases} \text{constant}, & u \ll 1 \\ (\ln u)/u & u \gg 1 \end{cases}$。度分布为 $p\langle k \rangle = \sum_{n=0}^{\min(K-\frac{k}{2}, K/2)} \binom{K/2}{n} (1-p)^n p^{(\frac{K}{2})-n} \frac{(PK/2)^{k-\frac{K}{2}-n}}{(k-\frac{K}{2}-n)!} e^{-pK/2}$,近似于泊松分布。聚类系数为 $C(P) = \frac{3(K-2)}{4(K-1)} (1-P)^3$。

4. BA 无标度网络

BA 无标度网络是根据网络的增长机制和优先联结机制的构造方法而形成的网络。该网络的平均路径长度为 $L \propto \frac{\log N}{\log \log N}$,表明该类网络呈现小世界特征。聚类系数为 $C = \frac{m^2(m+1)^2}{4(m-1)} \left[\ln\left(\frac{(m+1)}{m}\right) - \frac{1}{m+1} \right] \frac{[\ln t]^2}{t}$,度分布函数为 $P\langle k \rangle =$

$\frac{2m(m+1)}{k(k+1)(k+2)} \propto 2m^2 k^{-3}$，近似于幂指数为 3 的幂律函数。该网络具有较短的平均路径长度和较低的聚类系数，这与大多数实际生活中的网络特征相似，如因特网、万维网、新陈代谢网络等。

五、链路预测

预测是所有的科学学科都不能回避的问题。链路预测是复杂网络和信息科学的综合应用，是在复杂网络中解决缺失信息的还原和预测问题。

链路预测是数据挖掘的研究方向之一，尤其在计算机领域早有较深入的研究，其研究思路主要是基于马尔可夫链和机器学习。链路预测的本质是利用当前已有的网络结构信息，预测可能存在但是未被发现的"未知连接"和应该存在或者未来可能存在的"未来连接"。链路预测是网络信息挖掘中最基本、最本质的问题，综合运用了相似性分析、网络动力学、贝叶斯模型、机器学习、模体分析、最大似然分析等多学科方法和技术，在生物网络分析、朋友及关注对象推荐、个性化推荐、网络演化模型评价、标签分类、网络重构等问题上有着广泛的应用。

近年来，关于链路预测研究中基于网络本身结构属性的方法越来越受到关注。网络本身结构属性容易获取，而且所得信息相对可信。大多数研究表明基于网络本身结构属性的方法对于结构相似的网络具有普遍性。链路预测问题因其重大的实际应用价值，受到不同领域专家们的广泛关注，包括生物方面、航空网络演化方面、社会社交方面等。另外，如何刻画网络结构的相似性也是一个重要的理论问题，这个问题和网络聚类等应用息息相关。

第四节　博弈论

一、博弈的定义

博弈是指处于某一环境中的个人或组织，运用一定的规则，同时或按先后顺序，一次或多次，从各自可以选择的策略或行为中选某一策略或行动，并实施所选择的策略或行动，进而获取相应收益的过程。博弈主要包括四个要素：

一是博弈的参加者，也称为博弈方。其可以是独立的个人，也可以是组织，其可在完全理性或有限理性的条件下独立地选择使自身利益最大化的策略。二是博弈方各自可选用的策略或行为的集合。在同一个博弈中，各个博弈方的策略或行动可能有所差异。三是博弈的次序。即各博弈方的策略选择或行动的先后顺序。四是博弈方的收益。各个博弈方在各种策略组合或行动组合下的相应收益。

假设博弈方的个数为 n，各博弈方可选用的策略或行为的集合为 $\{S_1, S_2, \cdots, S_n\}$，简称策略空间。博弈方 i 的第 j 个策略为 $s_{ij} \in S_i$，且其收益为 u_i。因此博弈 G 可表示为 $G=\{S_1, S_2, \cdots, S_n; u_1, u_2, \cdots, u_n\}$，其中 u_i 是关于各博弈方的策略或行动的多元函数。

纳什均衡是指稳定的博弈策略组合，在这一组合中，任一博弈方所选择的策略都是针对其他博弈方全部策略中的最佳策略，且任何一个博弈方都不会改变自身的策略。即在博弈 G 中，如果在由各个博弈方的各个策略组成的某个策略组合 $(s_1^*, \cdots, s_n^*)$ 中，任一博弈方 i 的策略 s_i^*，是对其余博弈方策略 $(s_1^*, \cdots, s_{i-1}^*, s_{i+1}^*, \cdots, s_n^*)$ 的最佳策略，即 $u_i(s_1^*, \cdots, s_{i-1}^*, s_i^*, s_{i+1}^*, \cdots, s_n^*) \geqslant u_i(s_1^*, \cdots, s_{i-1}^*, s_{ij}, s_{i+1}^*, \cdots, s_n^*)$，对任意 $s_{ij} \in S_i$ 都成立，则称 $(s_1^*, \cdots, s_n^*)$ 为 G 的一个"纳什均衡"。

二、演化网络博弈的定义

演化网络博弈是指在一个由许多博弈方组成的复杂关系网络中，各个博弈方随着时间的演化都与各自相关的博弈方进行博弈的博弈。具体表述为：①在一个复杂网络中存在 n 个博弈方。②在每一个博弈阶段中，选取网络中的一部分博弈方按照某一规则以一定频率进行博弈。③博弈方可运用策略更新法则重新选择策略，该法则称为"策略的策略"。④博弈方根据上一次策略的选择结果，利用策略更新法则，选择或调整下一次博弈的策略。⑤博弈方所在的复杂网络的拓扑结构可能对策略更新法则产生影响。

第五节　本章小结

本章首先提出了供应链及其结构的基本概念，并给出供应链信任、供应链信任的量化、供应链信任传递的定义。其次阐述了供应链信任的利益的冲突性、关系的复杂性、行为的不确定性特性，总结出构建信任模型需要满足动态性、时间相关性、低算法复杂性。再次介绍了复杂网络的分类，定义了度分布、聚类系数、平均路径长度、网络密度等统计特征和中心性，并说明其在供应链网络中的含义。最后详细地介绍了链路预测的背景、使用方法以及意义。

第三章
供应链信任测度模型建立

第一节　问题提出

在构造一个供应链网络前,必须要清楚节点企业之间的关系。本章将供应链中企业映射为网络节点,节点企业之间的信任关系映射为网络中的连边,构建以企业间信任关系为基础元素的供应链网络拓扑结构模型,其构建的基本规则:①节点自身不可以与自身连接;②连边代表企业间信任的关系,没有对应的权重;③节点间最多只有一条连线,不可出现多条连边;④每对连边都没有方向性。

为了方便研究,在遵守构建原则的同时,做出以下假设:

(1) 因为企业间信任关系没有明确的定义,所以认为存在长期合作关系或者曾经多次合作过且对于交易结果双方均满意的两个企业是相互信任的。至于如何形成信任、影响信任的因素不在本章研究范围之内,只考虑在现有的信任关系基础上有可能已经存在的信任或者将来有可能存在的新信任关系。

(2) 将书中有可能已经存在的信任或者将来有可能存在的新信任关系称为"未知信任"和"未来信任",形成信任的过程称为信任的传递,默认所有的信任传递都是好意的,不存在蓄意破坏传递。

(3) 由于企业间交易次数、交易金额、交易评价等信息的不可靠性,有些信息甚至是保密的。因此假设供应链中信任的传递不受节点属性等外部信息的影响,只考虑已知网络节点及网络结构等信息。

(4) 一般供应链的末端都是消费者,为了方便统计,将零售商作为整个网络的边界点。

(5) 企业间有相互的信任关系,则彼此之间存在一条连线,因短期合作而促成暂时的信任或者偶尔合作形成的短暂信任关系将不作为连线标准,并认为节点企业信任是相互的,不考虑连边的方向性。

（6）将供应链企业信任关系抽象为无向网络，忽略企业间上下游的关系，默认企业间的传递信息是对称的。

基于以上假设，本章建立供应链信任测度模型的步骤如下：

第一步，供应链网络的输入和构建。首先，将供应链信任关系转化成供应链网络。其次，将供应链网络利用计算机语言描绘成图。一般都是利用邻接矩阵来刻画供应链网络，邻接矩阵为对称矩阵，对应着假设中的信任不考虑方向性。

第二步，数据集的划分。将已知链接数划分为测试集和训练集，进行信任测度的时候只应用训练集中的信息，而且测试集和训练集划分方式是先确定一定比例，然后再采取随机抽样。

第三步，利用设计的算法得出信任度矩阵。根据算法规则测算出每对有可能信任企业之间的信任度，并形成一个信任度矩阵。

第四步，评价信任测度算法的精确度。利用评价指标对信任度算法的结果进行评估，从而判断供应链信任测度算法的精确度。

第二节　基于链路预测的供应链信任测度模型构建

一、供应链网络的输入和构建

将邻接矩阵设为 A，将所有的企业节点进行编号，从 1 开始，以下每个节点的编号依次加 1。如果节点企业 v_i、企业 v_j 之间是相互信任的关系，那么 A 的第 i 行第 j 列上的元素就为 1，否则为 0。因此，邻接矩阵 A 是一个方阵，而且是一个对称矩阵。

假设供应链网络结构如图 3-1 所示：

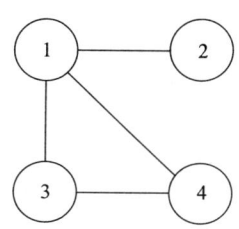

图 3-1　供应链网络结构

要想把图 3-1 中连接信息变为计算机语言的时候，首先要将其转化为 txt 文本格式，命名为 linklist，即：

1　2
1　3
1　4
3　4

通过 Matlab 软件进行供应链网络的输入和构建，形成邻接矩阵，Matlab 代码如下（下文中：%%表示下面的函数要实现的功能，%表示针对上一行程序的解释标注语言，%----表示下段程序所要实现的功能）：

function [net] = FormNet (linklist)
%%读入连边列表 linklist，构建网络邻接矩阵 net
%----对无向图，将第三列元素置为 1
linklist (:, 3) = 1;
net = spconvert (linklist);
nodenum = length (net);
net (nodenum, nodenum) = 0;
%此处删除自环（没有连接的点），对角元素为 0 以保证为方阵
net = net-diag (diag (net));
net = spones (net+net');
%确保邻接矩阵为对称矩阵，即对应于无向网络
end
%转换过程结束，得到网络的邻接矩阵

最终得到图 3-1 对应的供应链网络的邻接矩阵为：

$$A = \begin{bmatrix} 0 & 1 & 1 & 1 \\ 1 & 0 & 0 & 0 \\ 1 & 0 & 0 & 1 \\ 1 & 0 & 1 & 0 \end{bmatrix} \quad (3-1)$$

二、数据集划分和评价指标

针对任意无向网络 G，令 N 为网络总节点数，那么理论上的总连边数表示为 U=N（N-1）/2，总边数 U 也可视为一个边的集合，当然在现实情况下不是每个节点之间都存在连接关系。根据已知供应链网络属性，对于既定的信任测度算法，为没有形成信任连边的企业 i、企业 j 赋予一定的分数值，该分数值表

示一种节点连边关系的相似性，它与两节点间连接概率呈正相关关系，分数值越大，两点连接的可能性就越大。将分数值按照从大到小进行排序，排序越前的节点间相互信任的可能性就越大。为了衡量信任测度算法的精确度，一般将已知的连边作为一个集合 E，集合 E 由两个集合所构成，即训练集 E^T 和测试集 E^P，训练集和测试集的合集为已知连边集合，且两者之间交集为空集。在此，将不存在的边称为 J，定义 $J \subset U$ 但 $J \not\subset E$；将未知边集合称为 H，定义 $H \subset U$ 但 $H \not\subset E^T$。

其实数据划分有很多种方法，如随机抽样、逐项遍历、随机游走抽样等，文章选取的是随机抽样。在以往文献中，随机抽样是最常见的方法。随机抽样保证了每条边被选入测试集的概率是相同的。本书将训练集比例定为90%，而测试集比例定为10%，详细的随机划分数据集的 Matlab 代码见附录一。

给定某种信任测度的算法，对于每条未知边都会给出一个信任度值。经过数据集划分，原本存在的边中的训练集变为了不存在的边，此时集合 U 是由不存在的边和数据集划分出的测试边组成。关于不存在的边和测试边都会有一个关于信任度值的得分分布，在信任度值的得分分布图中不存在的边会在测试边的左侧，并且不存在的边的信任度值得分分布与测试边信任度值得分分布的图形相距越远，则说明给定某种信任测度算法的效果越好。

图 3-2 给出了链路预测中不存在的边和测试边信任度值所得分数的分布图示例。横坐标表示得分数，即两个节点预测的信任度值，纵坐标表示可能性，即两个节点之间形成信任的可能性。

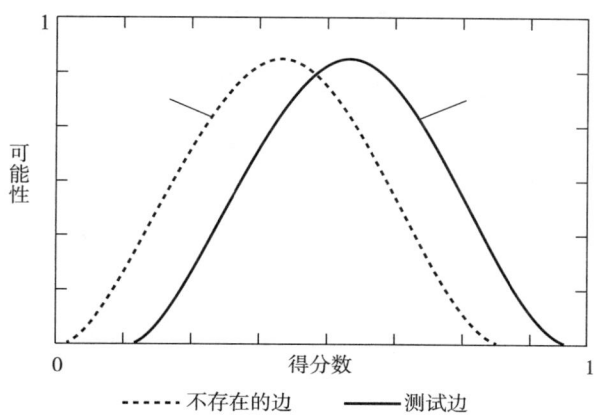

图 3-2 不存在的边和测试边信任度值所得分数的分布

Precision 评价指标只是关心其中某几条边的预测效果,假设有 m 个连边预测是准确的,根据出现连接的可能性值从大到小排序,排在前 L 位的边中有 m 个在测试集中,因此 Precision 为:

$$\text{Precision} = \frac{m}{L} \tag{3-2}$$

从式(3-2)可看出,Precision 评价指标值的大小与参数 L 相关。假设固定 L,Precision 值越大,说明预测连边越准确。

Ranking Score 考虑了测试集中的边在最终排序中的位置。已知 $H = U - E^T$ 为未知边的集合,即测试集中的边和不存在的边的集合,r_e 表示测试边 $e \in E^P$ 在排序中的排名。那么测试边的排序分为:

$$RS_e = \frac{r_e}{|H|} \tag{3-3}$$

遍历所有在测试集中的边,得到系统的排序分为:

$$RS = \frac{1}{|E^P|} \sum_{e \in E^P} RS_e = \frac{1}{|E^P|} \sum_{e \in E^P} \frac{r_e}{|H|} \tag{3-4}$$

显然,Ranking Score 值越小,说明算法的预测效果越好。

评价指标 AUC(Area Under Curve)是最为常见的一种衡量指标,它是从整体上衡量算法的精确度;而 Precision 只考虑排在前 L 位的边是否被预测准确;Ranking Score 则更多考虑了所预测边的排序。

本章选取 AUC 作为衡量供应链信任测度算法的评价指标,为了更加清晰地了解 AUC 指标和清楚其计算过程,下面假设一个由五个节点构成的供应链网络,其结构如图 3-3 所示。

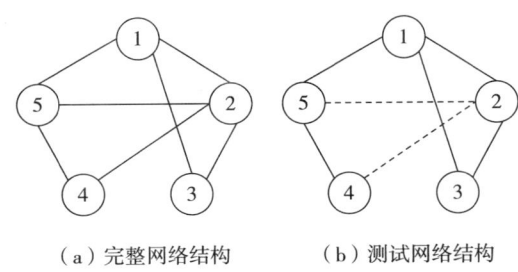

(a)完整网络结构　　　　(b)测试网络结构

图 3-3　五个节点供应链网络结构

图 3-3 中,连线表示节点间的相互信任。图 3-3(a)说明节点企业 1 和节点企业 2、企业 3、企业 5 相互之间信任,节点企业 2 和节点企业 1、企业 3、企

业 4、企业 5 相互之间信任，节点企业 3 和节点企业 1、企业 2 相互之间信任，节点企业 4 和节点企业 2、企业 5 相互之间信任，节点企业 5 和节点企业 1、企业 2、企业 4 相互之间信任。图 3-3（b）表示的是一个测试的供应链网络结构，实线表示训练集，虚线表示测试集。

该供应链网络中一共包含 5 个节点，那么理论上存在的连边数是 $5\times(5-1)/2=10$，其中 7 条是已知的连边，剩下 3 条为不存在的边。为了验证供应链信任测度算法的准确性，需要在 7 条已知边中选择部分连边构成 E^P，假如选择边 $\{2,4\}$ 和 $\{2,5\}$ 作为测试边，如图 3-3（b）所示，则剩下的 5 条已知边则构成 E^T。在链路预测方法中，只是应用 E^T 中边的信息，上述 E^P 中的边是随机从已知边中选取的，若再进行下一次验证精确性选择时，选出的测试边不一定还是 $\{2,4\}$ 和 $\{2,5\}$，而是 E^T 中的任何边都是等概率地被选出作为测试边，因此 E^T 中的边只是暂时被"待定"。假设根据链路预测算法，简称为 Q 算法，得出剩下 5 条未知边的得分值分别为 $s_{25}=4$，$s_{24}=4.5$，$s_{14}=3.8$，$s_{34}=4.6$，$s_{35}=4$，那么在计算 AUC 时需要将测试边的分数值与不存在边的分数值逐一地进行比较。

在这个例子中，有 3 条不存在的边，2 条测试边，因此一共需要 6 对分数值需要比较，那么针对每条测试边分别有 3 对需要比较，列出了测试边和不存在边的得分比较情况，如表 3-1 所示。

表 3-1 测试边和不存在边得分比较

测试边 $\{2,4\}$	测试边 $\{2,5\}$
$s_{14}=3.8<s_{24}=4.5$，AUC+1	$s_{14}=3.8<s_{25}=4$，AUC+1
$s_{34}=4.6>s_{24}=4.5$，AUC+0	$s_{34}=4.6>s_{25}=4$，AUC+0
$s_{35}=4<s_{24}=4.5$，AUC+1	$s_{35}=4=s_{25}=4$，AUC+0.5

通过上述中 AUC 的计算规则，结合表 3-1 中的比较情况，该供应链网络利用 Q 算法预测信任度的精确度 $AUC=(1+0.5+1+1)/(2\times3)\approx0.583$。

计算 AUC 值的过程类似于伯努利实验（每次实验结果互不影响，每次实验结果出现的概率不依赖于其他各次实验的结果），假设一个链路预测算法的评价指标 AUC 值为 p，那么在抽样计算 AUC 时，应该有 p 的概率得到 +1，(1-p) 的概率得到 0。如此做伯努利实验，n 次独立重复实验（对应于 AUC 计算中的 n 次抽样）中会有 M 次实验是成立的（对应于 +1 的情形），那么此时的 M/n 就是抽样得到的 AUC 值。显然，n 越大，AUC 值越接近于 p 值。具体计算 AUC

的 Matlab 代码见附录二。

三、信任测度算法

利用相似性（接近程度）的链路预测是进行网络链路预测的主流方法，本书则是利用目前供应链网络中节点间现有的信任关系预测"未知信任"关系和"未来信任"关系。网络中属性相似的节点之间更容易链接。研究表明，利用网络中节点属性的相似性进行链接预测的效果也会表现良好。

从复杂网络本身结构出发，利用链路预测思路设计的五种算法，针对五种不同的算法构建了供应链网络中信任测度模型，并结合评价指标 AUC 验证信任测度算法的精确度以保证算法的有效性。

1. 基于共同邻居的信任测度算法

在有关科学家合作网络和社交网络中的研究表明，两个节点企业之间有越多的共同信任节点，即"共同信任邻居"，其连接的可能性就会越大，即两个节点企业间有更多的"共同信任邻居"，那么两个企业间信任的可能性较大。

设供应链网络中节点 v_i，称与 v_i 相连的节点为"信任邻居"，记为 $\Gamma(i)$，那么基于共同邻居的信任测度算法中的信任值定义为它们之间的"共同信任邻居"数量，即：

$$T_{ij} = |\Gamma(i) \cap \Gamma(j)| \tag{3-5}$$

其实"共同信任邻居"数量等于两节点之间长度为 2 的路径数目，即 $T_{ij} = (A^2)_{ij}$。在基于共同邻居的信任测度算法中，供应链网络中对应的邻接矩阵乘以邻接矩阵就是信任度矩阵。信任度矩阵是按照某种算法赋予每对节点企业信任度分数形成的得分矩阵，其行数和列数等于邻接矩阵的行数和列数。每对连边都有信任度得分，网络中每两个节点企业之间的信任都被量化了。

但是在评价算法精确度时需要的信任度矩阵并不是上述中的信任度矩阵。因为在数据集划分的时候将已有连接分为了测试集和训练集，而利用评价指标 AUC 的时候会将测试集的连边去掉，作为"未知连接"或者是"未来连接"。因此实际上的信任度矩阵并不等于评价指标 AUC 中用到的信任度矩阵，评价指标 AUC 中的信任度矩阵为：sim = train×train，sim 为评价指标 AUC 中的信任度矩阵，train 为数据划分后的训练集。

将基于共同邻居的信任测度算法记为 CN 算法，运用 Matlab 将 CN 算法与评价指标 AUC 有效地结合，量化 CN 算法计算出的供应链信任的精确度：

function [CNauc] = CN (train, test, n)

%%计算 CN 算法并返回 AUC 值

sim=train×train；

%信任度矩阵的计算

CNauc=CalcAUC（train，test，sim，n）；

%调用的 CalcAUC 函数作用是计算 AUC 值

end

2. 基于偏好连接的信任测度算法

在 CN 算法中，"共同信任邻居"的数量作为信任连接的参考，而在采取偏好连接的方法时也考虑到了"共同信任邻居"，偏好连接则依据信任对象的"共同信任邻居"的数量。在偏好连接算法中，在供应链网络中形成一个新的信任正比于该企业节点的度 k_i。

由此定义基于偏好连接下的两个节点企业间的信任值为：

$$T_{ij}=k_i k_j \tag{3-6}$$

在偏好连接的信任测度算法下信任度矩阵等于所有节点的度构成列向量乘以它的转置。那么，此时评价指标 AUC 运用到的信任度矩阵：sim = train_ row× train_ row´，其中 train_ row 为训练集中所有节点的度构成的列向量，train_ row´为列向量的转置。

将基于偏好连接的信任测度算法记为 PA 算法，同样运用 Matlab 将 PA 算法与评价指标 AUC 有效地结合，量化 PA 算法计算出的供应链信任的精确度：

function［PAauc］=PA（train，test，n）

%%计算 PA 算法并返回到 AUC 值

train_ row=sum（train，2）；

%所有节点的度构成列向量，将它乘以转置即可

sim=train_ row×train_ row´；

clear train_ row train_ col；

%信任度矩阵计算完成

PAauc=CalcAUC（train，test，sim，n）；

%计算 PA 算法对应的 AUC 值

end

3. 基于三路径的信任测度算法

CN 算法和 PA 算法都是考虑了节点局部信息，只考虑了节点自身的连接情况。CN 算法和 PA 算法的优势在于计算复杂程度低，但是由于没有充分利用整体网络的结构信息，算法的精确度可能会受到限制。由此考虑了三阶路径的因素，在企业节点之间路径为 3 的基础上加入信任传递的衰减性，提出了三阶路

径算法，称为 LP 算法。那么定义三路径算法下两个节点企业间的信任值为：

$$T_{ij} = (A^2)_{ij} + \alpha (A^3)_{ij} \tag{3-7}$$

其中，α 表示信任传递的衰减性，随着信任传递的次数增多，其传递的效果肯定会逐渐衰减。A^2、A^3 分别表示路径为 2 和 3 的节点数目。当 $\alpha=0$ 时，LP 算法就变为了 CN 算法。CN 算法本质上也是一种基于路径的算法，但是它仅考虑了二阶路径数目。此时评价指标 AUC 中的信任度矩阵为 sim=train×train+lambda×（train×train×train），其中 lambda 代表信任传递的衰减性。同样运用 Matlab 将 LP 算法与评价指标 AUC 有效地结合，量化 LP 算法计算出供应链信任的精确度：

function ［LPauc］=LP（train，test，lambda，n）
％％计算 LP 算法并返回 AUC 值
sim=train×train；
％二阶路径
sim=sim+lambda×（train×train×train）；
％二阶路径+参数×三节路径
LPauc=CalcAUC（train，test，sim，n）；
％计算 LP 指标对应的 AUC 值
end

4. 基于全路径的信任测度算法

其实三阶路径 LP 算法可以扩展为更高阶的情形，即考虑 n 阶路径的算法情况：

$$T_{ij}^n = A^2 + \alpha A^3 + \alpha^2 A^4 + \cdots + \alpha^{n-2} A^n \tag{3-8}$$

从式（3-8）可知，随着 n 的增加，计算的复杂度会越来越大。当 $n \to +\infty$ 的时候，相当于考虑了整个供应链网络的全部路径。将考虑了供应链网络中所有路径的算法称为 Katz 算法，其定义为：

$$T_{ij} = \beta (A)_{ij} + \beta^2 (A)_{ij}^2 + \beta^3 (A)_{ij}^3 + \cdots + \beta^n (A)_{ij}^n \tag{3-9}$$

其中，$\beta>0$ 表示信任传递的衰减性，为了保持信任衰减的一致性，Katz 算法从二阶路径就开始考虑衰减性，这也是不同于 LP 算法的地方。

因为计算较为复杂，于是本章设 β 小于邻接矩阵最大特征值的倒数，那么式（3-9）就会收敛，此时式（3-9）还可以表示为：

$$T_{ij} = (I - \beta A_{ij})^{-1} - I \tag{3-10}$$

其中，$(I-\beta A_{ij})^{-1}$ 表示矩阵 $(I-\beta A_{ij})$ 的逆矩阵，I 为单位矩阵。同样，在全路径算法下计算评价指标 AUC 时的信任度矩阵为：sim=inv（sparse（eye (size (train, 1)))-lambda×train)-sparse(eye(size(train, 1))),其中 inv 表示求矩阵的逆矩阵,lambda 代表信任传递的衰减性,sparse(eye(size(train, 1)))表示构建一个稀释矩阵,行数和列数都和邻接矩阵相等。同样,运用 Matlab 将 Katz 算法与评价指标 AUC 有效地结合,量化 Katz 算法计算出的供应链信任的精确度:

function [auc] = Katz(train, test, lambda, n)
%%计算 Katz 算法并返回 AUC 值
sim=inv(sparse(eye(size(train, 1))) -lambda×train);
%信任度矩阵的计算
sim=sim-sparse(eye(size(train, 1)));
Katzauc=CalcAUC(train, test, sim, n);
%计算 Katz 算法对应的 AUC 值
end

5. 基于随机游走的信任测度算法

CN 算法、PA 算法、LP 算法和 Katz 算法预测供应链信任是考虑供应链网络节点信息和信任的路径,下面介绍一种带有重启的随机游走的算法(Random Walk with Restart, RWR)进行供应链信任度的计算。

假设随机游走粒子在每走一步的时候都以一定的概率返回初始位置。设粒子返回概率为($1-c$),P 为网络的马尔可夫概率转移矩阵,其元素 $P_{ij}=\dfrac{a_{ij}}{k_i}$ 表示节点 v_i 处的粒子下一步走到节点 v_j 的概率,其中,如果 v_i 和 v_j 相连则 $a_{ij}=1$,否则 $a_{ij}=0$。某一粒子初始时刻在节点 v_i 处,那么($t+1$)时刻该粒子到达网络各个节点的概率向量为:

$$\pi_i(t+1) = c \times P^T \pi_i(t) + (1-c) e_i \tag{3-11}$$

其中,e_i 表示一个一维列向量且仅有第 i 个元素为 1,其他元素都为 0,代表了初始状态。不难得到上式的稳态解:

$$\pi_i = (1-c)(I-c \times P^T)^{-1} e_i \tag{3-12}$$

其中,I 为单位矩阵,元素 π_{ij} 为从节点 v_i 出发的粒子最终有多少概率走到节点 v_j。由此定义在重启的随机游走算法下两个节点企业间的信任度为:

$$T_{ij} = \pi_{ij} + \pi_{ji} \tag{3-13}$$

在基于带有重启的随机游走的信任测度算法时,供应链网络的信任度矩阵构造比较复杂。首先对式(3-11)中网络的马尔可夫概率转移矩阵 P 的计算,设 deg = repmat(sum(train, 2),[1, size(train, 2)]),则会得到 P=train./deg,在随机游走算法下利用评价指标 AUC 时的信任度矩阵:sim=(1-

lambda) × inv (I - lambda × train') × I + ((1 - lambda) × inv (I - lambda × train'))',其中 lambda 表示粒子不会返回的概率,I 表示单位矩阵。其次,运用 Matlab 将 RWR 算法与评价指标 AUC 有效地结合,量化 RWR 算法计算出供应链信任的精确度:

  function [auc] = RWR (train, test, lambda, n)
  %%计算 RWR 算法并返回 AUC 值
  deg = repmat (sum (train, 2), [1, size (train, 2)]);
  train = train ./ deg; clear deg;
  %求转移矩阵
  I = sparse (eye (size (train, 1)));
  sim = (1-lambda) × inv (I-lambda×train') × I;
  sim = sim+sim';
  %信任度矩阵的完成
  train = spones (train);
  %将邻接矩阵还原,因为无孤立点,所以不会有节点的度为 0
  thisauc = CalcAUC (train, test, sim, n);
  %计算 RWR 算法对应的 AUC 值
  end

综上所述,从局部和整体的角度看 CN 算法、PA 算法是基于节点局部信息的相似性算法,LP 算法是基于半局部信息的相似性算法,而 Katz 算法、RWR 算法是基于全局信息的相似性算法。而从研究方法的角度看 CN 算法、PA 算法是基于节点信息的相似性算法,LP 算法、Katz 算法是基于路径的相似性算法,而 RWR 算法是基于随机游走的相似性算法。但是不能片面地认为考虑整体就一定会比考虑局部的算法精确度要高,也不能武断地认为随机游走算法肯定就会比利用单个节点信息的算法的精确度高。

四、信任测度的耦合算法

为了丰富算法的选择和算法的灵活运用,将上述五种算法进行相互耦合,以便观察耦合后计算供应链信任测度的效果好还是单独利用每个算法的效果好。耦合算法的构造是,经过计算后精确度最高的算法与其他四种算法分别耦合,采用简单的线性方式,即:

$$T = x \times T^{High} + (1-x) T^{QT} \qquad (3-14)$$

其中，T^{High} 是精确度高的算法，s^{QT} 是基于其他四种算法，参数 $x \in [0, 1]$，当 $x=1$ 时，算法回归到 T^{High}，当 $x=0$ 时，算法回归到 T^{QT}。

耦合算法实际上是耦合算法中的信任度矩阵，而在进行耦合算法精确度计算的时候，信任度矩阵是在训练集的基础上计算出来的，也就是在训练集和测试集划分后，原网络的连接情况就是去掉测试集中的边，剩下训练集的边，所以也需要对两个算法的训练集进行耦合。为了统一标准，将每种算法信任度矩阵做归一化处理，即每个矩阵数据都除以组别数据中的最大值。

为了清晰地表达整个供应链信任度计算的过程，下面列出整个 Matlab 代码并进行详细的注解：

```
%----网络的输入和构建
linklist = textread（'test.txt'）；
%读取 test.txt 文件，即网络中的连边情况
[net] = FormNet（linklist）；
net = full（net）；
%形成网络的邻接矩阵 A
%----数据集的划分
%独立实验 f 次
for i = 1 : f；
ratioTrain = 0.9；
%训练集比例为 90%，确定训练集和测试集数目
[train, test] = DivideNet（net, ratioTrain）；
%训练集和测试集的划分
%----精确度 AUC 的计算
n = T；
%随机抽样次数为 T
sim = textread（'**.txt'）；
%输入信任度矩阵 sim，由每个算法计算出来，**.txt 为相似矩阵为文本文件
auc（i）= CalcAUC（train, test, sim, n）；
%计算一次独立实验的精确度
end；
%----计算 f 次实验的精确度 AUC 的平均值和方差
averageauc = mean（auc, 2）
```

第三节 本章小结

供应链信任测度的研究不仅要计算出节点企业间的信任度值，还包括计算出信任度值的算法精确度。本节考虑了信任传递的衰弱性，结合节点企业所在供应链网络的结构属性，构建了五种不同算法下的供应链信任度值，并且利用评价指标进行了信任关系预测的精确度测算，找出五种算法中的最优算法，以最优算法为基准耦合其他四种算法，得到最佳计算信任度值的算法组合。当然整个供应链信任测度模型的建立是按照一定的步骤依次进行：

第一步，供应链网络的输入和构建。将供应链信任关系转化成供应链网络，再将供应链网络利用计算机语言描绘成图。

第二步，数据集的划分。采用随机抽样将链接数划分为测试集和训练集，以便进行精度测算。

第三步，利用设计的算法得出信任度矩阵。根据算法规则测算出每对有可能合作企业间的信任度，并形成一个信任度矩阵。

第四步，评价信任测度算法的精确度。利用评价指标 AUC 对书中信任度算法的结果进行评价，从而判断出供应链信任测度算法的精确度。

第四章
基于度分布的供应链信任网络演化研究

第一节 问题的提出

供应链网络的研究运用到了复杂网络理论。叶春森（2010）根据复杂网络的统计特征指标，提出了针对供应链网络节点重要性的评价方法。闫妍等（2010）据此提出了一种检测供应链网络级联效应的方法。供应链网络风险传播研究则较多地利用到复杂网络理论中的传播动力学。Garvey 等（2015）建立了基于贝叶斯网络的供应链风险传播模型。赵钢等（2015）利用风险扩散动力学模型来研究供应链网络中风险传播的机理。刘纯霞等（2015）针对具有小世界特征的供应链网络，研究了因供应链网络中断导致的风险传导问题。Wei 等（2015）基于复杂动态网络鲁棒性的控制算法，减弱了供应链的牛鞭效应。Nav 等（2017）研究了供应链网络混沌行为的控制方法。Kellar 等（2016）从物流量角度，分析了供应链分销中的同步、交叉对接和解耦现象。

Pathak 等（2007）和 Surana 等（2005）认为供应链是一个复杂网络，是包含多个实体，涉及多重关系的网络。因此，本章将供应链视为一个网络，供应链网络就是由原料供应商、生产制造商、分销商、零售商、各环节服务商、消费者组成，以某种交互关系，产生实物流、资金流和信息流，实现产品增值，并将最终产品送至消费者的一个整体功能网链。

孙军艳等（2016）将供应链视为一个复杂的自适应系统。固然供应链网络系统也具有网络系统的复杂性。第一，供应链网络结构的复杂性。在实际的供应链中，涉及多个供应链成员，大量的供应链网络成员也就形成了复杂的交互关系，一个原料供应商为多个生产制造商提供原料，而一个生产制造商从多个原料供应商那里采购原料，并通过多个分销商销售产品。第二，供应链网络成员的复杂性。供应链网络各成员的劳动、技术、资本等都有差异，各成员根据自身的特点，进行行为选择，包括进入或退出该网络，供应链成员的动态行为将影响到供应链网络的演化进程。第三，供应链网络成员交互关系或影响作用的复杂性。供应链网络是供应链成员以某种依赖关系形成的网络，这种依赖关系涉及多种因素，并且该依赖关系具有强弱之分。

第二节 供应链信任网络演化模型

一、供应链信任网络的构建

供应链信任网络记为 $G_s(V, E)$，$V = \{v_1, v_2, \cdots, v_n\}$，为供应链信任网络节点的集合，$E = \{e_1, e_2, \cdots, e_n\}$ 为供应链信任网络连边的集合，其中 E 中任意一条边都对应于 V 中的一对节点，表示为 $e_x = \{v_1, v_2\}$。

（1）节点的选取。供应链信任网络的节点由供应链网络成员组成，即原料供应商、生产制造商、分销商、零售商、各环节服务商。虽然供应链网络成员的类型不同，所承担的角色也不同，但在此都将其视为供应链信任网络中无差别的一个节点。此外消费者因其数量众多、流动性大，将不被视为供应链信任网络的节点。

（2）边的连接。供应链信任网络的连边就是供应链网络成员之间的某种交互关系，该种交互关系就是以合作为基础的信任关系。当两节点存在合作时，则产生连边，表示两节点相互信任。当两节点不存在合作时，则没有连边，表示两节点互不信任。

（3）边的方向。供应链信任网络的边是无向的。虽然在一对节点所构建的信任关系中一方对另一方的信任程度与另一方对该方的信任程度可能不一致，但是这种信任关系的不对称性并没有改变两者之间的信任关系，只是影响了信任关系的密切程度。此外供应链信任网络的边就代表着供应链网络节点之间的信任关系，且信任是相互的，没有具体的方向可言，所以供应链信任网络可视为无向网络。

（4）边的权值。供应链信任网络的边的权值是供应链网络节点之间的信任度。信任度是指一个节点对另一个节点信任程度的衡量，所以在存在合作关系的两个节点中，信任度具有指向性，并且两个节点的信任度可能存在差异。但是两个节点只有相互信任，才能形成合作关系。因为供应链信任网络的边表示供应链网络节点之间的信任关系,反映了信任关系的密切程度,而信任关系的密切程度由两个节点各自的信任度决定,所以供应链信任网络的边的权值是关于两个节点各自信任度的函数。

二、供应链信任网络的演化机制

国内文献对于供应链网络演化的问题已有记录,Huang 等(2007)通过加入新的供应链成员,扩大供应链成员间的合作关系,以及重新建立供应链成员的合作关系,来实现供应链网络的演化根据统计数据显示,在此演化机制下,供应链网络拥有无标度特性。Xu 等(2016)利用复杂网络的适应性,构建敏捷供应链网络的演化机理模型,指出在该进化机制下,敏捷供应链网络呈现无标度特性。杨琴等(2012)建立了有向含权的供应链网络演化模型,并指出该模型中网络的出入强度服从幂律分布。孙军艳等(2016)针对供应链网络,研究了局域世界演化网络模型,并验证了供应链网络的度趋于幂律分布。王道平等(2017)讨论了加权的敏捷供应链知识服务网络的演化问题。

假设供应链网络中的企业都处于完全竞争市场,则可将供应链信任网络视为一个动态的开放系统,供应链节点企业可以自由地进出网络,自由地选择合作节点。当企业发现在该网络中有利可图时,企业与网络内部节点构建合作关系,进入该网络中,成为其中一员。当企业发现在该网络中无利可图时,企业与其合作的节点解除合作关系,从该网络中退出。同时供应链节点企业可依据自身选择合作对象的标准,自主地选择与之构建合作关系的企业,或解除与现有合作企业的合作关系。基于以上文献对网络演化规则的制定,结合供应链的动态演化过程,设计如下供应链信任网络的演化规则:

(1)初始网络。初始网络存在着 n_0 个互相连接的节点,l_0 条连边,且每条边的权值 $w_0 = 1$。

(2)增加新节点。以概率 α_1 将一个带有 l_1($1 < l_1 \leq l_0$)条连边的新节点加入网络中,新节点将与 l_1 个网络内部节点相连接。新节点以择优概率 $\Pi(k_i) = \dfrac{k_i}{\sum_{j \in N} k_j}$ 来选择与之相连的旧节点 i,其中 k_i 表示节点 i 的度,而 $\sum_{j \in N} k_j$ 表示供应链信任网络中所有节点的度之和,即网络总度数,并重复该过程 l_1 次。

(3)增加新连边。以概率 α_2 增加 l_2 条连边。首先以 $\Pi(k_i)$ 概率选取一个节点作为连边的一端,其次在节点 i 的非邻居节点中随机选择另一个节点 j 作为该连边的另一端,并重复该过程 l_2 次。

(4) 删除旧连边。以概率 $\alpha'_3 = (1-\alpha_3)$ 删除 $l'_3 = (1-l_3)$ 条旧连边。首先以概率 $\Pi(k_i)$ 选取一个有连边的节点作为被删除边的一端,其次在节点 i 的邻居节点内随机选择另一节点 j 作为被删除连边的另一端,并重复该过程 l'_3 次。

经过 t 步演化后,供应链信任网络的节点个数为 $N(t) = n_0 + \alpha_1 t$,连边条数为 $L(t) = l_0 + (\alpha_1 l_1 + \alpha_2 l_2 - \alpha'_3 l'_3)t$,总度数为 $K(t) \approx 2(\alpha_1 l_1 + \alpha_2 l_2 - \alpha'_3 l'_3)t$。

其中,α_1 表示新节点与旧节点 i 构建信任关系的意愿度,α_2 表示网络中未建立信任关系的旧节点 i 与旧节点 j 构建信任关系的意愿度,α'_3 表示已建立信任关系的旧节点 i 与节点 j 解除信任关系的意愿度。构建信任关系的意愿度越高,则构建信任关系的可能性就越大;解除信任关系的意愿度越高,则解除信任关系的可能性就越大。意愿度是通过双方的信任度进行衡量的。信任度是指一个节点对另一个节点信任程度的衡量,构建信任关系需要双方达成共识,当一方信任度高,而另一方信任度低时,信任关系构建的可能性就小,所以构建信任关系的意愿度是关于两个节点各自信任度的函数。

供应链成员之间的信任度是供应链信任网络的重要组成要素,而信任度的测量已得到较多的研究。石岿然等(2011)以历史交易行为、预期交易行为及声誉这三者来计算供应商与制造商之间的信任值。林强等(2012)基于声誉、规模、合作对象数量、意愿客户化、共享机密信息这五个影响因素,建立了企业可信度分析函数,以预测未来合作企业的可信度。牛景春等(2015)基于模糊理论,提出了基于产品价格、产品质量和产品耗时的交易满意度评估方法,进而建立了基于交易满意度、交易额、交易时间、交易频数和奖惩力度这五个因素的供应链企业间直接信任度评估模型。张怡等(2016)根据快速信任的影响因素,构建了基于历史行为、第三方机构、未来预期的快速信任评估模型。

本节根据供应链信任的影响因素,参考供应链信任的分类,并结合以上文献对于信任值的计算方法,提出在供应链网络中构建信任关系意愿度的算法。供应链节点间的信任度将分为基于历史交易的信任、基于特征的信任、基于能力的信任,分别记为 R^{1z}_{ij},R^{2z}_{ij},R^{3z}_{ij}。其中,基于历史交易的信任,以交易满意度、交易次数、交易时刻来测量;基于特征的信任以信任投入来测量,包括专有资产、信息共享投入等;基于能力的信任则以期望收益、收益标准差来测量。因 R^{1z}_{ij},R^{2z}_{ij},R^{3z}_{ij} 的值域都为 [0, 1],所以供应链信任网络节点 i 对节点 j 的信任度的值域也应为 [0, 1],同时 R^z_{ij} 的变化是一个先增加后逐渐平稳的过程,则 $R^z_{ij} = (\ln 3)^{-1} \left(\ln \sum_{k=1}^{3} R^{kz}_{ij} + 1 \right)$,其中 z = 1 为在一个演化时间步内增加新节点的阶段,z = 2 为增加新连边阶段,z = 3 为删除旧连边阶段。该演化计算公式一般表示为:

$$R_{ij}^{1z} = \frac{\sum_{k=1}^{c} \varphi(k) s_{ij}^{kz}}{\sum_{k=1}^{s} \varphi(k)} \quad (4-1)$$

式 (4-1) 中，$s_{ij}^{kz} \in [0, 1]$ 为节点 i 对节点 j 在一个演化周期内第 z 阶段的第 k 次交易的满意度，c 为节点 i 与节点 j 在一个演化周期内的交易次数，$\varphi(k)$ 为满意度贴现函数，表示交易满意度随时间变化而衰减的程度，$\varphi(k) = (1-\delta)^{c-k}$，$\delta$ 为贴现系数。为简化计算，且一个演化周期的时间较短，交易次数也较少，可忽略贴现系数的影响作用，所以基于历史交易的信任可为 $R_{ij}^{1z} = \sum_{k=1}^{c} s_{ij}^{kz}/c$。

$R_{ij}^{2z} = \frac{m_j^z}{v_j^z}$，其中，$m_j^z$、$v_j^z$ 分别为节点 j 的信息共享投入、专有资产投入，信息共享投入在专有资产投入中的占比越高，基于特征的信任度就越高。

$$R_{ij}^{3z} = \frac{2}{\pi}\arctan\frac{\mu_{ij}^z}{\sigma_{ij}^z} = \frac{2}{\pi}\arctan\frac{w/N(t)}{\sqrt{\sum_{i=1}^{N(t)}(w_i - w/N(k))^2/N(t)}} \quad (4-2)$$

式 (4-2) 中，假设供应链网络的总利润为常数 w，节点 i 与节点 j 合作的期望收益为供应链网络的期望收益 μ_{ij}^z，所以 μ_{ij}^z 与网络节点个数成反比。σ_{ij}^z 为供应链网络节点收益之间的标准差，期望收益越大，信任度越高，收益的标准差越小，表明交易风险越小，构建信任关系的意愿就越大。

$$R_{ij}^z = (\ln 3)^{-1} \ln \left(\frac{\sum_{k=1}^{c}(1-\delta)^{c-k} s_{ij}^{kz}}{\sum_{k=1}^{s}(1-\delta)^{c-k}} + \frac{m_j^z}{v_j^z} + \frac{2}{\pi}\arctan\frac{w/N(t)}{\sqrt{\sum_{i=1}^{N(t)}(w_i - w/N(t))^2/N(t)}} + 1 \right) \quad (4-3)$$

$$\alpha_z = \begin{cases} \dfrac{2}{\pi}\arctan\dfrac{(R_{ij}^z + R_{ji}^z)}{\sqrt{2\sum(R_{ij}^z - (R_{ij}^z + R_{ji}^z)/2)^2}}, & \text{其他} \\ R_{ij}^z, & \text{若 } R_{ij}^z = R_{ji}^z \neq 0 \\ 0, & \text{若 } R_{ij}^z = 0, R_{ji}^z = 0 \end{cases} \quad (4-4)$$

具体地，根据演化进程的不同，供应链信任网络构建信任关系的意愿度就有不同的表达。首先，增加新节点阶段，新节点与网络内部节点没有交易记录，所以此时基于历史交易的信任度 $R_{ij}^{11}=1$。其次，增加新连边阶段，网络内部未建立信任关系的节点之间，也视为双方无交易记录，此时基于历史交易的信任度 $R_{ij}^{12}=1$，此外由于经过第一阶段，网络节点增加了 α_1 个，所以此时基于能力的信任度中 $N(t)=n_0+\alpha_1(t+1)$。最后，删除旧连边阶段，因为节点已建立信任关系，产生了交易，所以基于历史交易的信任度不再为1，同时基于能力的信任度中 $N(t)=n_0+\alpha_1(t+1)$。

此外，l_1 表示供应链信任网络对新节点的吸引力指数，l_2 表示供应链信任网络对旧节点之间构建信任关系的吸引力指数，l_3' 表示供应链信任网络对旧节点之间解除信任关系的吸引力指数。

三、供应链信任网络度分布

供应链信任网络的度分布是指网络中一个节点的度为 k 的概率分布，实质上就是一个概率分布函数 P（k），即描述网络一个节点的度为 k 的概率。在统计学来说，就是网络中度为 k 的所有节点的数量 n_k 在网络节点总数中的占比，显示了供应链的信任关系对供应链信任网络结构的影响。复杂网络度分布的求解方法主要有平均场法、率方程法、主方程法、鞅方法及马氏链法，供应链信任网络度分布将采用马氏链法。

以概率 α_1 将一个带有 l_1 条连边的新节点加入初始网络中，此时网络内部节点 i 与新节点连边的概率为：

$$\Pi_1(k_i(t))=\alpha_1 l_1 \Pi(k_i(t))=\alpha_1 l_1 \frac{k_i(t)}{\sum_{j=1}^{t} k_j(t)}=\frac{\alpha_1 l_1 k_i(t)}{2(\alpha_1 l_1+\alpha_2 l_2-\alpha_3' l_3')t} \quad (4-5)$$

以概率 α_2 将 l_2 条边增加到网络中，此时网络内部节点 i 与节点 j 连边的概率为：

$$\Pi_2(k_i(t))=\alpha_2 l_2 \left(\Pi(k_i(t))+\sum_{j\in V_i}\Pi(k_j(t))\frac{1}{N(t)-k_j(t)} \right)$$
$$=\frac{\alpha_2 l_2 k_i(t)}{(\alpha_1 l_1+\alpha_2 l_2-\alpha_3' l_3')t} \quad (4-6)$$

式（4-6）中，第一个等号右端括号中的前一项表示节点 i 以择优概率被选择作为新连边的一端；后一项表示在节点 j 以择优概率被选择作为新连边的一端后，节点 i 作为其非邻居节点被随机选择作为新连边的另一端，其中 V_i 表示所有与节点 i 存在连边的邻居节点的集合，实际上这两种选择方式的概率相等。

以概率 α_3' 在网络中除去 l_3' 条旧连边，此时网络内部节点 i 与节点 j 去除现有连边的概率为：

$$\Pi_3(k_i(t)) = \alpha'_3 l'_3 \left(\Pi(k_i(t)) + \sum_{j \in V_i} \Pi(k_j(t)) \frac{1}{k_j(t)} \right) = \frac{\alpha'_3 l'_3 k_i(t)}{(\alpha_1 l_1 + \alpha_2 l_2 - \alpha'_3 l'_3) t}$$

(4-7)

式（4-7）中，第一个等号右端括号内的前一项表示节点 i 以择优概率被节点选择作为被删除旧连边的一端；后一项表示在节点 j 以择优概率被选择作为被删除旧连边的一端后，节点 i 作为其邻居节点被随机选择作为被删除旧连边的另一端，实际上这两种选择方式的概率相等。

组合式（4-5）至式（4-7），得到供应链信任网络节点 i 在 t 时刻增加一条连边的概率为：

$$f_t^+(k) = (\Pi_1(k)(1-\Pi_2(k)) + (1-\Pi_1(k))\Pi_2(k))(1-\Pi_3(k))$$
$$= \frac{(2\alpha_2 l_2 + \alpha_1 l_1)k}{2(\alpha_1 l_1 + \alpha_2 l_2 - \alpha'_3 l'_3)t} - \frac{\alpha_1 l_1 \alpha_2 l_2 - \alpha'_3 l'_3(2\alpha_2 l_2 + \alpha_1 l_1)k^2}{2(\alpha_1 l_1 + \alpha_2 l_2 - \alpha'_3 l'_3)^2 t^2} +$$
$$\frac{\alpha_1 l_1 \alpha_2 l_2 \alpha'_3 l'_3 k^3}{2(\alpha_1 l_1 + \alpha_2 l_2 - \alpha'_3 l'_3)^3 t^3}$$

(4-8)

供应链信任网络节点 i 在 t 时刻减少一条连边的概率为：

$$f_t^-(k) = (1-\Pi_1(k))(1-\Pi_2(k))\Pi_3(k)$$
$$= \frac{\alpha'_3 l'_3 k}{(\alpha_1 l_1 + \alpha_2 l_2 - \alpha'_3 l'_3)t} - \frac{\alpha'_3 l'_3(2\alpha_2 l_2 + \alpha_1 l_1)k^2}{2(\alpha_1 l_1 + \alpha_2 l_2 - \alpha'_3 l'_3)^2 t^2} +$$
$$\frac{\alpha_1 l_1 \alpha_2 l_2 \alpha'_3 l'_3 k^3}{2(\alpha_1 l_1 + \alpha_2 l_2 - \alpha'_3 l'_3)^3 t^3}$$

(4-9)

则供应链信任网络节点 i 在 t 时刻既不增加一条新边也不减少一条旧边的概率为：

$$1 - f_t^+(k) - f_t^-(k) = 1 - \frac{(2\alpha_2 l_2 + \alpha_1 l_1 + 2\alpha'_3 l'_3)k}{2(\alpha_1 l_1 + \alpha_2 l_2 - \alpha'_3 l'_3)t} + \frac{\alpha_1 l_1 \alpha_2 l_2 k^2}{2(\alpha_1 l_1 + \alpha_2 l_2 - \alpha'_3 l'_3)^2 t^2} -$$
$$\frac{\alpha_1 l_1 \alpha_2 l_2 \alpha'_3 l'_3 k^3}{(\alpha_1 l_1 + \alpha_2 l_2 - \alpha'_3 l'_3)^3 t^3}$$

(4-10)

可知供应链信任网络节点 $i(i \in Z)$ 的度 $k_i(t)$ 是一条马尔可夫链，记为 $\{k_i(t)\}$。$k_i(t)$ 的可能取值就是 $\{k_i(t)\}$ 的状态空间 $E_s = \{k | k \in N\}$。对于任意的非负整数 $t, k_0, k_1, \cdots, k_{n-1}, k, l \in E$，当 $P>0$ 时，由供应链信任网络的演化机制得 $\{k_i(t)\}$ 的单步状态转移矩阵为：

$$P\{k_i(t+1)=l \mid k_i(0)=k_0, k_i(1)=k_1, \cdots, k_i(t-1)=k_{t-1}, k_i(t)=k\}$$

$$=P\{k_i(t+1)=l \mid k_i(t)=k\}$$

$$=\begin{cases} f_t^+(k), & \text{若 } l=k+1 \\ f_t^-(k), & \text{若 } l=k-1 \\ 1-f_t^+(k)-f_t^-(k), & \text{若 } l=k \\ 0, & \text{其他} \end{cases} \quad (4-11)$$

对于任意的 k，使得 $P(k)=\lim_{t\to\infty}P(k,t)$ 存在，$P(k) \geqslant 0$ 且 $\sum_{k=0}^{\infty}P(k)=1$，则 $\{k_i(t)\}$ 存在稳态度分布，且为 $P(k)$。

因 $F^+(k)=\lim_{t\to\infty}tf_t^+(k)=\dfrac{(2\alpha_2 l_2+\alpha_1 l_1)k}{2(\alpha_1 l_1+\alpha_2 l_2-\alpha_3' l_3')}$，令 $W=\dfrac{(2\alpha_2 l_2+\alpha_1 l_1)}{2(\alpha_1 l_1+\alpha_2 l_2-\alpha_3' l_3')}$，$Z=0$。$F^-(k)=\lim_{t\to\infty}tf_t^-(k)=\dfrac{\alpha_3' l_3' k}{(\alpha_1 l_1+\alpha_2 l_2-\alpha_3' l_3')}$，令 $\overline{W}=\dfrac{\alpha_3' l_3'}{(\alpha_1 l_1+\alpha_2 l_2-\alpha_3' l_3')}$，$\overline{Z}=0$。根据演化网络马氏链稳态分布存在的条件，及网络的度分布服从幂律分布的条件，可知供应链信任演化网络 G_s 的度分布服从幂律分布的条件及其表达式。

当 $W>\overline{W} \geqslant 0$ 时，即 $2\alpha_2 l_2+\alpha_1 l_1 > 2\alpha_3' l_3'$，供应链信任演化网络 G_s 的度分布服从幂律分布，且幂律指数为 $r=1+\dfrac{1}{W-\overline{W}}$。此时 G_s 属于无标度网络，当 k 较大时，其度分布如式（4-12）所示，其中 C 为常数。

$$P(k)=\begin{cases} C\int_0^1 s^{k-1+\frac{Z}{W}}(1-s)^{\frac{1}{W}}e^{-\frac{\overline{Z}}{W}s}ds \propto k^{-\left(1+\frac{1}{W}\right)}, & \text{若 } W>\overline{W}=0 \\ C\int_0^1 s^{k-1+\frac{Z}{W}}(1-s)^{\frac{1}{W-\overline{W}}}\left(\dfrac{W}{\overline{W}}-s\right)^{\frac{\overline{Z}}{\overline{W}}-\frac{1}{W-\overline{W}}-\frac{Z}{\overline{W}}}ds \propto k^{-\left(1+\frac{1}{W-\overline{W}}\right)}, & \text{若 } W>\overline{W}>0 \end{cases}$$

$$(4-12)$$

当 $0 \leqslant W \leqslant \overline{W}$ 时，即 $2\alpha_2 l_2+\alpha_1 l_1 \leqslant 2\alpha_3' l_3'$，供应链信任演化网络 G_s 的度分布不服从幂律分布，该 $P(k)$ 不是幂律衰减的，此时的 G_s 也不是无标度网络，当 k 较大时，其度分布为：

$$P(k) = \begin{cases} C\int_0^1 s^{k-1+\frac{1+\bar{Z}}{\bar{W}}}(1-s)^{-\frac{1}{\bar{W}}}e^{\frac{Z}{W_s}}ds, & \text{若 } 0 = W < \bar{W} \\ C\int_0^1 s^{k-1+\frac{Z}{\bar{W}}}(1-s)^{\frac{\bar{Z}-z}{\bar{W}}}e^{\frac{1}{W(s-1)}}ds, & \text{若 } W = \bar{W} \neq 0 \\ C\int_0^1 s^{k-1+\frac{Z}{\bar{W}}}(1-s)^{\frac{1}{W-\bar{W}}}\left|s - \frac{W}{\bar{W}}\right|^{\frac{\bar{Z}}{\bar{W}}-\frac{1}{W-\bar{W}}-\frac{Z}{\bar{W}}}ds, & \text{其他} \end{cases}$$

可见，当 $2\alpha_2 l_2 + \alpha_1 l_1 > 2\alpha_3' l_3'$ 时，供应链信任演化网络 G_s 的度分布服从幂律分布，且幂律指数为 $r = \dfrac{3\alpha_1 l_1 + 4\alpha_2 l_2 - 4\alpha_3' l_3'}{2\alpha_2 l_2 + \alpha_1 l_1 - 2\alpha_3' l_3'}$，幂律指数与构建信任关系的意愿度及供应链网络的吸引力指数相关，因此供应链信任网络构建信任关系的意愿度与供应链网络的吸引力指数将影响着供应链信任网络的结构。

四、供应链信任网络演化

供应链信任网络不同于一般的供应链，也不同于其他的复杂网络。供应链信任网络的节点代表的是供应链企业，虽然这些企业在供应链中承担着不同的任务，采用不同的标准，拥有不同的目标，但在此将不考虑供应链企业的属性，都将供应链企业视为无差异的一个节点。此外，供应链信任网络的连边表示供应链企业基于合作的信任关系，信任是合作的基础，合作促进信任。网络中的节点依据信任度指标来构建信任关系，当信任关系形成时，两个节点企业之间将产生连边，当两个节点企业有任何一方不信任对方时，信任关系将不复存在，此时两个节点企业之间原有的连边将不再存在，所以供应链节点企业具有构建信任关系的选择权。因此供应链节点企业选择建立或解除信任关系的过程，是供应链节点企业之间的交互过程，是供应链节点企业与供应链网络环境的交互过程，也就是供应链信任网络演化的过程。

根据供应链信任网络的演化机制，在一定的条件下，供应链信任网络能够演化为无标度网络。为了进一步识别供应链信任网络演化为无标度网络的因素，需要对供应链信任网络的演化过程进行分析。首先，供应链信任网络在演化初期时网络规模快速扩大。供应链信任网络在建立初期，供应链网络持续获利，网络外部的企业倾向于与网络中节点度较大、信任度较高的企业构建信任关系，同时网络内部被选择的企业也依据对方的信任度，来选择是否与其达成信任关系，就这样，网络外部的企业纷纷被吸引到供应链信任网络中。所以在演化初期，供应链信任网络节点对网络外部企业的吸引力较大，供应链信任网络的整体吸引力也就较大。其次,供应链信任网络在演化中期时网络连边持续增加。经过演化初期网络规模的快速扩大,网络中的企业数量变多,供应链网络的盈利能力有所下降,因合作伴随着竞争,所以此时企业之间的竞争程度增大,网络内部企业纷纷不断地寻求新的合作伙伴及合作方式,开始向纵向一体化或横向一体化发展,不断构建新的信任关系。所以在演化中期,供应链信任网络节点对网络外部企业的吸引力减小,供应链信任网络的整体吸引力也随之减小,但此时网络内部节点之间的吸引力、网络重连的吸引力都将增大。最后,供应链信任网络在演化后期时网络连边逐渐减少。经过演化中期网络连边的持续增加,供应链的运作更加成熟,而供应链网络的盈利能力并没有因此而提高,此时网络内部未建立信任关系节点之间的吸引力、网络重连的吸引力也将减小,而网络内部已建立信任关系节点之间的排斥力、网络去边的吸引力将逐渐增大。其中节点的吸引力体现在节点构建信任关系的意愿方面,而网络的吸引力则可体现在网络数量方面,可见演化期间的各种吸引力将影响着供应链信任网络的演化进程和网络结构。此外,供应链信任网络的演化除了网络数量和网络连边的增长,网络演化还具有择优性,网络内度大的企业被选为连边一端的可能性较大,而这一性质贯穿于演化过程的始终。正是网络演化的增长性与择优性,才使供应链信任网络可演化为无标度网络。

供应链信任网络经过三个演化阶段,可形成无标度网络,虽然在各阶段中各种吸引力指数均在变化,但只要这些变化在一定的范围内,就不会影响供应链信任网络的结构。在无标度网络中,大多数节点仅有少数的连边,而少数节点拥有多数的连边,这样的网络反映了大多数实际网络的特点,如互联网、航空路线网络等,其中供应链网络就具有这一特点,供应链网络中少量的主导企业有大量的合作伙伴,而大量的企业则拥有较少的合作伙伴。同样供应链信任网络也具有无标度特征,网络中与较多企业建立信任关系的企业的数量较少,而与较少企业建立信任关系的企业的数量较多。信任关系的多少影响着信誉的高低,因此,为了提高供应链信任网络的信誉水平,就需要将有限的资源有的放矢地投入关键企业中。

第三节 仿真模拟与分析

虽然供应链信任网络构建信任关系的意愿度和供应链信任网络的吸引力指数在供应链信任网络演化的不同阶段有不同的取值,但在不影响演化结果的前

第四章　基于度分布的供应链信任网络演化研究

提下，对参数的设置进行简化操作，将各种参数在每个阶段中都赋予同样的数值。因为供应链信任网络的各种参数的赋值组合都将影响到供应链信任网络的结构，所以将在参数组合集合中选取具有代表性的赋值组合，来对供应链信任网络的度分布进行描绘，并对供应链信任网络的演化过程进行分析，假设节点 i 与节点 j 的取值一致，则 $l_1=l_2=l'_3=1$，$c=k=1$，$v_j^1=v_j^2=v_j^3=10$。

由实验 1 的参数取值可得 $\alpha_1=\alpha_2=\alpha'_3=1$（见表 4-1），满足网络度分布服从幂律分布的条件 $2\alpha_2 l_2+\alpha_1 l_1>2\alpha'_3 l'_3$，即 3>2，理论分析可知此时供应链信任网络的度分布应服从幂律分布。根据以上参数的设置将模拟具有 100 个节点的供应链信任网络演化过程，为获得网络的稳态分布，将实验 1 到实验 4 分别重复 100 次。

表 4-1　供应链信任网络演化模型参数设置

序号	阶段	s_{ij}^{k1}	s_{ij}^{k2}	s_{ij}^{k3}	m_j^1	m_j^2	m_j^3	α_1	α_2	α'_3
实验 1		1	1	0	10	10	0	1	1	1
实验 2		1	1	1	10	10	10	1	1	0
实验 3		1	1	0	0.05	0.05	0	0.65	0.65	1
实验 4	t=100	1	1	1	10	0.05	10	1	0.65	0
	t=200	1	1	1	0.05	10	0.05	0.65	1	0.65
	t=300	1	1	0	0	0.05	0	0	0.65	1

在实验 1 演化机制下的供应链信任网络中有新节点的加入，新边的产生，同时也有旧边的减少，且三者的概率相等。图 4-1 是根据实验 1 数据进行仿真模拟得到的供应链信任网络结构图，可看出网络中度较小的节点有很多，而度较大的节点则较少，体现了供应链信任网络的无标度特性，反映了供应链网络的结构特点。图 4-2 则进一步证明了供应链信任网络的无标度特性，图中的散点表示网络节点的度为 k 的概率，这些散点大致形成一条直线。因幂律分布在对数坐标系中显示为一条向右下方倾斜的直线，所以供应链信任网络的度服从幂律分布，供应链信任网络呈现无标度特性。通过图 4-2 的散点拟合出了图中的直线，其表达式为 $P(k)=1.2k^{-2.6}$，即度分布表达式，可知实验 1 得出的幂律指数为 2.6，而根据本章第二节第三部分内容中的幂律指数公式得出的幂律指数应为 3，可见实验 1 得出的幂律指数与幂律指数公式得出的幂律指数较为接近，证明了该供应链信任网络演化模型的有效性。

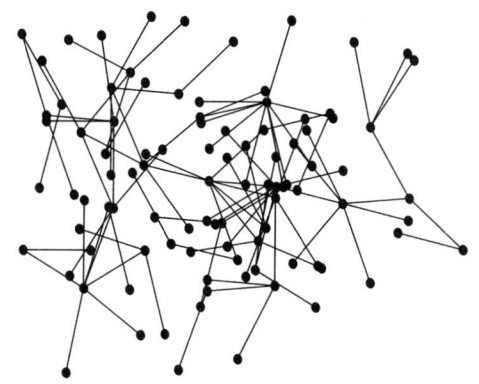

图 4-1　信任网络演化模型实验 1

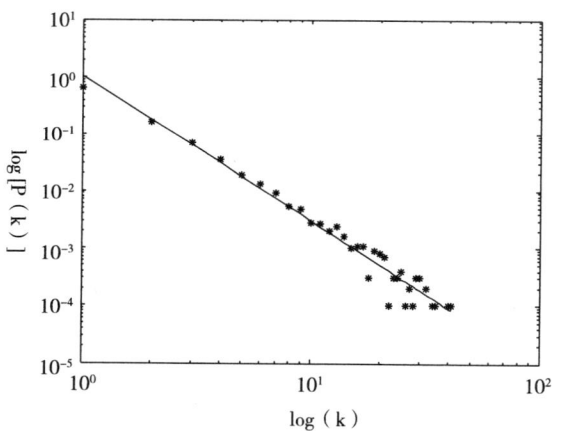

图 4-2　信任网络演化模型实验 1 度分布

由实验 2 的参数取值得 $\alpha_1=\alpha_2=1$，$\alpha'_3=0$（见表 4-1），满足网络度分布服从幂律分布的条件 $2\alpha_2 l_2+\alpha_1 l_1>2\alpha'_3 l'_3$，即 3>0。理论分析可知此时供应链信任网络的度服从幂律分布。仿真结果如图 4-3 和图 4-4 所示，此时供应链信任网络的演化只有新节点的加入和新边的产生，并没有旧边的减少，是纯增长网络。显而易见，图 4-3 网络图的线密度比图 4-1 的大，这正是因为该演化机制没有旧边的减少，显然该供应链信任网络呈现出了无标度特性。图 4-4 是由实验 2 的演化机制得出的供应链信任网络度分布图，图上的散点有效地拟合出了图中的直线，进一步证明了在该演化机制下的供应链信任网络的度服从幂律分布，从拟合的直线公式 $P(k)=1.8k^{-2.3}$，可知此时的幂律指数为 2.3，与本章第二节

第三部分内容中的幂律指数公式得出的幂律指数 7/3，即约等于 2.33，非常接近，可见实验 2 有效地模拟了供应链信任网络的演化过程。

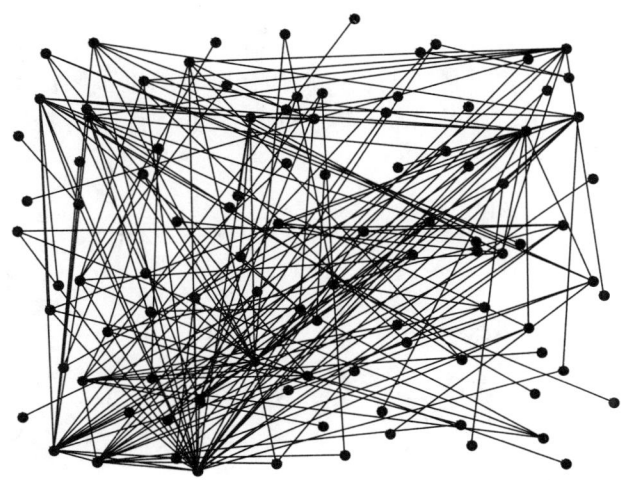

图 4-3　信任网络演化模型实验 2

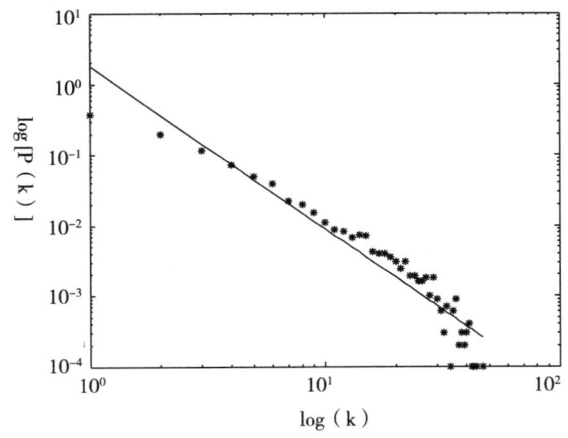

图 4-4　信任网络演化模型实验 2 度分布

由实验 3 的参数取值得 $\alpha_1 = \alpha_2 = 0.65$，$\alpha_3' = 1$（见表 4-1），不满足网络度分布服从幂律分布的条件，即 $2\alpha_2 l_2 + \alpha_1 l_1 \leq 2\alpha_3' l_3'$，1.96<2，理论分析可知此时供应链信任网络的度不服从幂律分布。仿真结果如图 4-5 和图 4-6 所示，此时供应链信任网络的演化不仅有新节点的加入，新边的产生，也有旧边的减少，

且删除边的概率分别大于加入新节点的概率和增加新连边的概率。易见图4-5网络线较为稀疏，且网络中有许多节点没有连边，即孤立点，可理解为此点退出了该供应链网络市场，网络中的无标度特性没有明显体现。直观上看图4-6的散点在对数坐标中并不是一条倾斜的直线，且不能有效地拟合出一条直线，所以在实验3的演化机制下形成的供应链信任网络的度不服从幂律分布，这与本章第二节第三部分内容中的分析结果一致，因此，此时的供应链信任网络不显示无标度性。

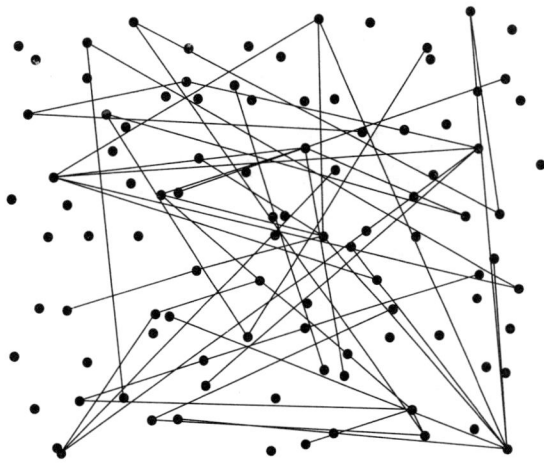

图4-5　信任网络演化模型实验3

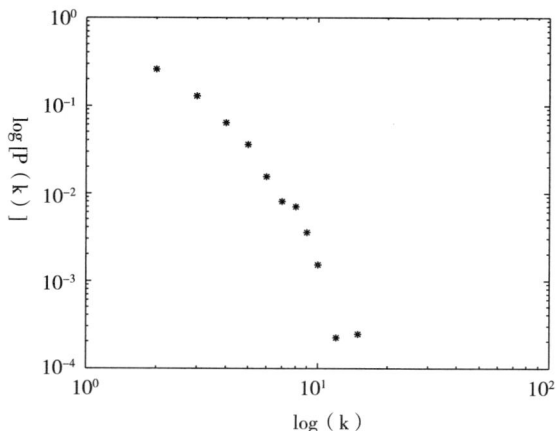

图4-6　信任网络演化模型实验3度分布

对比实验 1 与实验 2，从参数取值可知，实验 1 的演化机制包括了新节点的加入，新连边的产生，旧连边的去除，而实验 2 的演化机制只有前两项，而没有旧连边的删除，实验 1 是有增有减的演化，实验 2 是有增无减的演化，所以这两个实验呈现出了不同的演化结果。从图 4-1 和图 4-3 看出，实验 1 的网络线密度比实验 2 的小，且在图 4-3 可识别出网络中度大的节点，而图 4-1 则不易识别，可见两个网络都具有无标度特性，只是呈现的显隐程度有所不同。从图 4-2 和图 4-4 可知，两个网络的度都服从幂律分布，且图 4-2 中直线的斜率的绝对值小于图 4-4 中直线的斜率绝对值，即实验 1 的幂律指数大于实验 2 的幂律指数。根据以上分析，可认为拟合直线的斜率绝对值越大，幂律指数越小，网络无标度特性越明显，网络中度大的节点越容易识别，度的取值范围越大，反之亦然。

对比实验 1 与实验 3，从参数取值可知，实验 1 与实验 3 的演化机制都包括了新节点的加入，新连边的产生，旧连边的去除，虽然实验 3 中去除旧连边的概率是 1，但是实验 1 中加入新节点的概率与增加新连边的概率都为 1，而实验 3 中加入新节点的概率与增加新连边的概率都为 0.65，所以实验 3 是衰减的演化。从图 4-1 和图 4-5 中可以看出，图 4-5 较图 4-1 少了很多连边，且存在较多的孤立点，所以实验 3 形成的网络无法显示无标度特性。从图 4-2 和图 4-6 可知，图中的散点在双对数坐标中分别拟合出一条倾斜的直线和一条曲线，实验 1 的演化网络的度服从幂律分布，而实验 3 的演化网络不服从幂律分布。

实验 4 是首先构建一个含有 4 个节点，12 条连边的初始网络；其次经过 300 个时间演化步，演化成含有 300 个节点的网络。其中，根据演化的不同阶段，参数分别采用不同的数值，在前 100 个演化时间步内，$\alpha_1 = 1$，$\alpha_2 = 0.65$，$\alpha_3 = 0$（见表 4-1），此时网络的演化主要是新节点的加入。在第 101 个到第 200 个演化时间步内时，$\alpha_1 = 0.65$，$\alpha_2 = 1$，$\alpha_3 = 0.65$，此时网络的演化主要是新边的增长，同时也有旧边的去除。在第 201 个到第 300 个演化时间步内时，$\alpha_1 = 0$，$\alpha_2 = 0.65$，$\alpha_3 = 1$，此时网络的演化主要是旧边的删除，而新节点不再加入。纵观整个演化过程，α_1 由大变小，α_2 先变大后变小，α_3 由小变大。仿真结果如图 4-7 到图 4-12 所示，其中图 4-7、图 4-9、图 4-11 分别对应实验 4 在第 100 个、第 200 个、第 300 个时间演化步的供应链信任网络的结构图。图 4-7 中有许多点还没有进入网络中，到了图 4-9 中点都基本加入了网络之中，且连边也有增多，但到了图 4-11 中连边相应减少，退出网络的节点变多。而图 4-8、图 4-10、图 4-12 分别对应实验 4 在第 100 个、第 200 个、第 300 个时间演化步的供应链信任网络的度分布图。

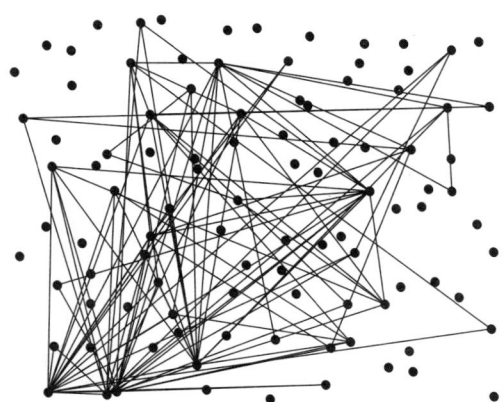

图 4-7　信任网络演化模型实验 4-t=100

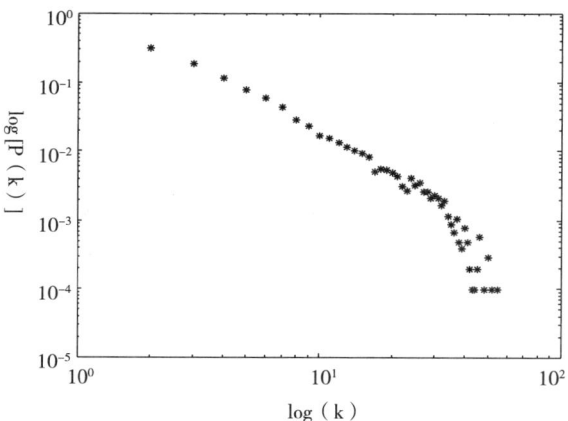

图 4-8　信任网络演化模型实验 4-t=100 度分布

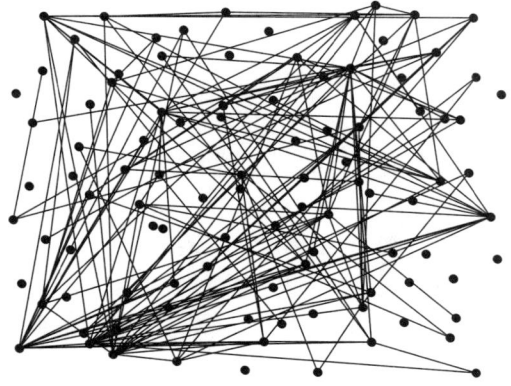

图 4-9　信任网络演化模型实验 4-t=200

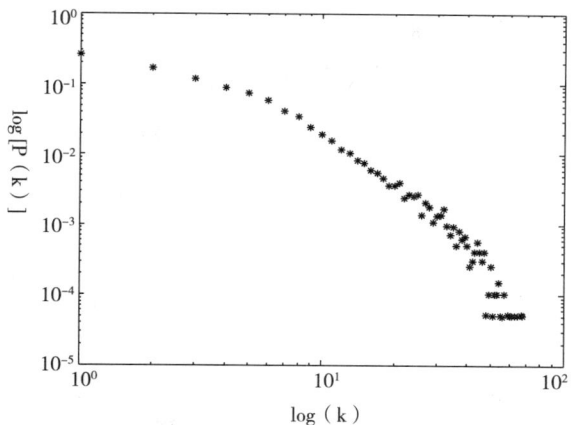

图 4-10　信任网络演化模型实验 4-t＝200 度分布

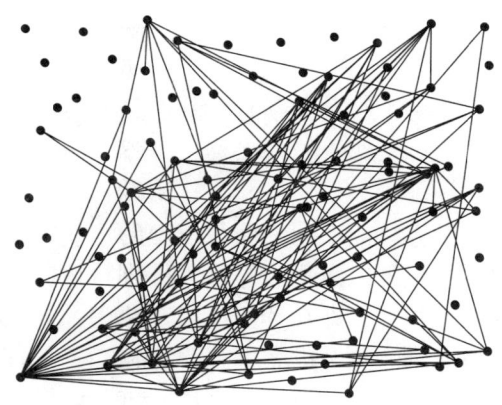

图 4-11　信任网络演化模型实验 4-t＝300

通过以上实验可知，供应链信任网络的度分布是否服从幂律分布，其结构是否显示无标度特性，主要依赖于网络外部节点与网络内部节点构建信任关系的意愿度 α_1，网络内部未建立信任关系的两个节点构建信任关系的意愿度 α_2，及网络内部已建立信任关系的两个节点解除信任关系的意愿度 α_3' 这三者的取值是否满足幂律分布的条件。所以通过控制构建信任关系的意愿度，可构建期望的供应链信任网络。

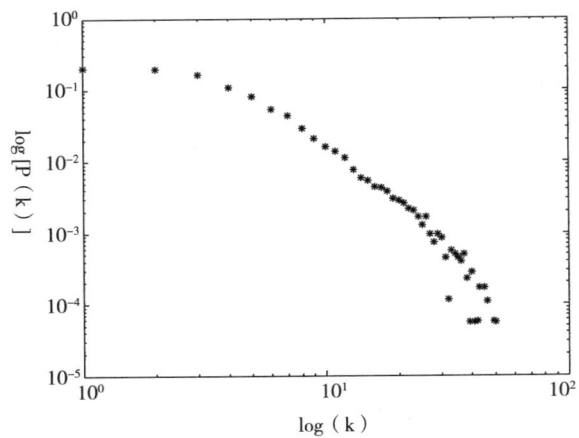

图4-12 信任网络演化模型实验4-t=300度分布

第四节 基于内部因素的供应链信任治理策略

根据本章第三节的供应链信任网络演化模型的仿真结果可知，供应链信任网络在一定的演化规则下，可以演化为具有无标度特性的网络，无标度特性与社会学中的二八原则较为相似，即在任何一组东西中，最重要的东西仅占全部东西的一小部分，近似20%，剩余的80%虽然是多数，但却是次要的，所以利用好这一小部分，就能提高整体的效率。因此，供应链信任的治理也应该遵循二八原则，发挥供应链信任网络中重要企业的作用，提高供应链网络的信任水平。

首先，架构具有无标度特征的供应链网络。在无标度特性的供应链网络中，具有较多合作伙伴的供应链节点企业，可视为供应链网络中的主导企业，即在供应链网络中占据重要的地位且产生重大的作用。所以通过构架具有无标度特性的供应链网络，可以利用供应链网络的主导企业，发挥其重要作用来影响供应链网络中的非主导企业，以提高供应链的运作能力、效率及绩效等。具有无标特性的供应链网络的度服从幂律分布，但具体该架构幂律指数为多少的供应链网络，则需要依据不同的需求而进行选择。幂律指数越小，网络无标度特性就越明显，网络中度大的节点就越容易识别，度的取值范围也就越大，反之亦然。

其次，引导供应链网络中的主导企业采用基于信任度的合作伙伴选择规则。由于供应链网络中的主导企业在网络中具有重要地位，且数量占比较小，所以可采用关键链路等识别方法，来辨认出供应链网络中的主导企业，并引导这些主导企业采用基于信任度的合作伙伴选择规则，以提高期望与这些企业实现合作的非主导企业的信任度，进而提高供应链网络的整体信任水平。当供应链网络中的关键企业都采用基于信任度的选择规则时，通过机制倒逼，促使供应链网络中的非关键企业不断地提高其可信任度，从而提高与关键企业合作的可能性。其中提高可信任度的途径有，提高其他企业对其的交易满意度、具体包括合理的产品定价、高品质的产品及准时的交付等，还有增大信息共享投入、建立信任共享平台、共享信息，如订单信息、库存信息、市场信息等，此外提高合作的收益水平、提高违约成本、降低合作的风险也可提高其他企业对其的交易满意度。同时供应链网络中的主导企业也会以身作则，不断地提高自身的可信度，形成示范效应，以巩固其在供应链网络中的主导地位。若供应链网络中的企业都根据信任度来选择合作企业，这样供应链网络的整体信任度将大大提高。因为信任是合作的基础，所以有了相互的信任，才能形成合作，才得以构建信任关系，因此可认为供应链网络就是供应链信任网络。

最后，调整构建信任关系的意愿度和供应链网络的吸引力指数。监控供应链信任网络的演化阶段，当供应链信任的演化方向偏离了期望的方向时，可调整不同关系类型的两个企业间构建信任关系的意愿度和供应链网络的吸引力指数，以调整供应链信任网络的演化进程和演化方向。因为供应链信任网络也可演化为不具有无标度特性的网络，所以在不同的演化阶段，对不同关系类型的两个企业构建信任关系的意愿度和供应链网络的吸引力指数进行管控，以调整供应链网络的演化方向，使其朝着期望的演化状态前进。

因此，构建具有无标度特征的供应链信任网络，要使得网络外部节点与网络内部节点构建信任关系的意愿度 α_1，网络内部未建立信任关系的两个节点构建信任关系的意愿度 α_2，网络内部已建立信任关系的两个节点解除信任关系的意愿度 α'_3，以及供应链网络的各种吸引力指数，满足一定的关系。而这些意愿度与供应链信任的影响因素相关，如交易满意度评价、信任投入水平、信息共享投入水平等。无标度的供应链信任网络将提高整个供应链网络的信任水平。节点度大的企业能够吸引较多的其他企业，而网络节点依据信任度来选择合作伙伴，所以这些企业为了增加与度大的节点企业合作，就会通过承诺、信任共享等来提高节点企业对其的信任度评价。若供应链网络中节点度大的企业都按照这一规则选择合作伙伴，这样供应链信任网络的信任度就会提升。因无标度网络中的节点度大的企业数量较少，所以寻找这些企业实施基于信任度的选择规则，能有效率并有效果地提高供应链网络的整体信任水平。

第五节　本章小结

基于处于完全竞争市场的供应链企业的发展历程，根据构造复杂网络的优先联结机制，结合供应链信任度的测算方法，制定了供应链信任网络的演化机制，运用马尔可夫链方法，分析了供应链信任网络的度分布服从幂律分布的条件，并给出了其幂律分布的表达式。仿真结果表明，当构建信任关系的意愿度和供应链网络的吸引力指数满足一定条件时，供应链信任网络可演化为无标度结构的网络。通过构建具有无标度特征的供应链网络，引导供应链网络中的主导企业采用基于信任度的合作伙伴选择规则，并调整构建信任关系的意愿度和供应链网络的吸引力指数来控制供应链信任网络的演化进程，进而提升供应链网络的信任水平。

第五章
基于博弈的供应链信任演化研究

第一节 问题的提出

假设信任是一个交易策略,企业间的交易则为一种博弈,所以考虑一个存在 N 个企业的供应链网络,这些企业被随机配对进行对称的 2×2 信任—背叛博弈。其中每个企业 x 的策略空间都为{信任,背叛},记为 $S_x = \{T, B\}$,x, y ∈ {1, 2}。企业 x 的得益是各参与交易的企业所采取策略的多元函数,即 $u_x = u_x(s_1, s_2)$,则两个交易企业的信任—背叛博弈可记为 $G = \{S_1, S_2; u_1, u_2\}$。一对交易企业的标准益损值矩阵如图 5-1 所示,其中 $\pi_3 > \pi_1 > \pi_4 > \pi_2$。

	企业 II 信任	企业 II 背叛
企业 I 信任	π_1, π_1	π_2, π_3
企业 I 背叛	π_3, π_2	π_4, π_4

图 5-1 信任—背叛博弈益损值矩阵

假设供应链企业都为有限理性交易者,主要表现为有较强的记忆能力,能记住其他企业的部分历史策略,并具有较强的理性意识和分析推理能力,能识别博弈中的均衡策略,并能根据历史策略的分布选择最佳策略,但准确行为能力一般,往往不会采用完全理性博弈的均衡策略,会犯偶然性的选择错误,并有可能持续犯错。

在有限理性的 G 博弈中,供应链企业通过分析交易企业的历史交易结果,判断交易信息的可靠性,评估交易企业的合作意向,推测交易企业的策略行为,结合交易环境、信任氛围、法律制度进行决策。所以供应链企业选择策略时要与交易主体及交易环境进行交互作用，并通过持续学习来调整自身策略，供应链中每个主体都按此方式行事。正是这样一个复杂交互过程驱使了供应链 G 博弈的演化，使博弈状态沿某一路径从非均衡状态到达均衡状态，因此该过程可视为一个复杂演化系统。

在博弈主体行为的演化上，采用了博弈学习理论的研究成果。在策略互动的过程中，博弈方学习和策略调整的模式为"最优反应动态"，即各个博弈方根据上一次的博弈结果，假设其他博弈方在这一次依旧采用上一次的策略，并基于此假设来选择这一次的策略，即为最佳反应策略。

第二节　供应链信任演化博弈模型

有限理性假定供应链企业 x 拥有有限记忆，能够记住与其他交易的企业 $x'(x \neq x')$ 在最近 m 次 G 博弈中的历史交易结果为：$H_{xx'} = \{h_1, h_2, \cdots, h_m\}$，$h_1, h_2, \cdots, h_m \in S_x$。记 X_0 为在第 0 期，即供应链中两个交易企业进行第 1 次交易时，这两个交易企业各自在最近 m 次 G 博弈中的历史交易结果的集合，即 $X_0 = \{H_{12}^0, H_{21}^0\}$。供应链中的企业 1、企业 2 分别根据 X_0 中的 H_{12}^0、H_{21}^0 选择第 1 次交易的行动策略，并形成第 2 次交易的 X_1。以此类推，令 $X_n = \{H_{12}^n, H_{21}^n\}$ 为两个供应链企业在第 n 期，各自在最近 m 次交易中的历史交易结果的集合，为第 (n+1) 次交易提供策略选择的依据，并决定着第 (n+2) 次交易的 X_{n+1}。则 $\{X_n, n \geq 0\}$ 简记为 $\{X_n\}$，构成一条马氏链，描述了供应链中两企业的历史交易结果的变化情况，反映了供应链企业策略选择与互动学习的过程，即博弈 G 的演化过程。

令 $\xi_x^n (n=1, 2, \cdots)$ 为供应链企业 x 在 X_n 中的 $H_{xx'}$ 内 T 策略的个数，则 $(m-\xi_x^n)$ 为 B 策略的个数。根据前述的博弈方学习和策略调整模式，令 s 为常数，若当 $2\xi_x^n-m>s$ 时，企业 x 以概率 1 选择 T 策略；当 $2\xi_x^n-m=s$ 时，企业 x 以概率 $p \in (0, 1)$ 选择 T 策略，以概率 (1-p) 选择 B 策略；当 $2\xi_x^n-m<s$ 时，企业 x 以概率 1 选择 B 策略。

一、供应链信任博弈的演化状态转移概率

定理 1　供应链信任博弈 G 的演化过程 $\{X_n, n \geq 0\}$ 是马尔可夫链，简称马氏链。

证明：显然 $\{X_n\}$ 的状态空间为 E，即两个供应链企业的历史交易结果

$\{H_{12}, H_{21}\}$可能出现的所有策略有序组合的集合。在此不考虑企业在历史交易结果集合中排序的前后,即$\{H_{12}, H_{21}\}$与$\{H_{21}, H_{12}\}$视为等价,则状态空间的状态种数不大于2^{2m}种。

取$H_{xx'}$中的子集$\dot{H}_{xx'} = \{h_2, \cdots, h_m\}$,令$i = \{H_{12}^n, H_{21}^n\}$。记事件A,$\overline{A}_x$分别为x选择T策略,x选择B策略,事件$C_{x1}$,$C_{x2}$,$C_{x3}$分别为$2\xi_x^n - m > s$,$2\xi_x^n - m = s$,$2\xi_x^n - m < s$。对任意的非负整数n,$i_0$,$i_1$,$\cdots$,$i_{n-1}$,i,$j \in E$,当P>0时,根据前面学习规则的假设有:

$P\{X_{n+1} = j | X_0 = i_0, X_1 = i_1, \cdots, X_{n-1} = i_{n-1}, X_n = i\}$

$$= \begin{cases} \sum_{i=1}^{2}\sum_{j=1}^{2} P(A_1|C_{1i})P(A_2|C_{2j}), & 若 j = \{\dot{H}_{12}^n, T, \dot{H}_{21}^n, T\} \\ \sum_{i=1}^{2}\sum_{j=2}^{3} P(A_1|C_{1i})P(\overline{A}_2|C_{2j}), & 若 j = \{\dot{H}_{12}^n, T, \dot{H}_{21}^n, B\} \\ \sum_{i=2}^{3}\sum_{j=1}^{2} P(\overline{A}_1|C_{1i})P(A_2|C_{2j}), & 若 j = \{\dot{H}_{12}^n, B, \dot{H}_{21}^n, T\} \\ \sum_{i=2}^{3}\sum_{j=2}^{3} P(\overline{A}_1|C_{1i})P(\overline{A}_2|C_{2j}), & 若 j = \{\dot{H}_{12}^n, B, \dot{H}_{21}^n, B\} \\ 0, & 其他 \end{cases}$$

$= P\{X_{n+1} = j | X_n = i\}$ （5-1）

可见$\{X_n\}$为齐次马氏链。且单步转移概率为$p_{ij} = P\{X_{n+1} = j | X_n = i\}$。其中,$P(A_x|C_{x1}) = P(\overline{A}_x|C_{x3}) = 1$,$P(A_x|C_{x2}) = p$,$P(\overline{A}_x|C_{x2}) = 1-p$,由此可得状态转移矩阵P。

供应链企业间信任博弈的演化状态转移矩阵描述了供应链企业在重复G博弈中的策略变化过程,同时也反映了供应链两个企业的历史交易结果组合状态的转换规律。因此可通过分析演化状态的转移矩阵来研究供应链企业间信任博弈的演化过程。

二、供应链信任博弈的演化稳定状态

定义1 令$f_{ij}^{(n)} = P\{X_n = j, X_k \neq j, k = 1, 2, \cdots, n-1 | X_0 = i\}$,为从状态i出发经n步首次到达状态j的概率,而$f_{ij} = \sum_{n=1}^{\infty} f_{ij}^{(n)}$为从状态i出发经过有限步到达状态j的概率。

定义 2 若 $f_{jj}=1$，则状态 j 为常返状态，否则为非常返状态。

$f_{ij}^{(n)}$ 和 f_{jj} 可由状态转移矩阵 P 得到，其中 f_{jj} 反映了两企业历史交易结果组合的循环规律。若双方历史交易结果 j 具有常返性质，则 j 以交易周期 d 出现。若结果 j 具有非常返性质，则 j 在某次交易出现后不再出现，所以该类状态不具有随机稳定性。因此，具有非常返状态性质的双方历史交易结果不是供应链信任博弈的演化稳定状态。

定义 3 设 $U \in E$，如果对任意的 $i \in U$，$j \notin U$，i 不能达到 j，则称 U 为闭集。

定义 4 设马氏链的状态空间为 E，若除去状态空间 E 之外不存在其他的闭集，则称此链是不可分或不可约的，否则称它是可分的或可约的。

根据定义 2，E 中所有的双方历史交易结果可归为常返类和非常返类，记为 U 和 D，因状态相通性，可将 U 细分成不可分闭集 U_n（n=1，2，…）。若供应链交易者初次的双方历史交易结果为 D 中的状态，因该类状态不具有随机稳定性，随着交易次数的递增，双方历史交易结果一定在某次交易中显示为 U_n 中的状态，又因该类状态具有常返性质，则此后的任一双方历史交易结果都持续显示为 U_n 中的状态，既不是 D 中的状态，也不是 U_n 以外的其他闭集中的状态。可见 U_n 中的双方历史交易结果具有随机稳定性。因此，具有常返性质的双方历史交易结果可能是供应链信任博弈的演化稳定状态。

定理 2 若 $p_{jj}=1$，则状态 j 为马氏链的吸收态，即供应链信任博弈的演化稳定状态。

证明：演化稳定状态是一种所有状态随时间的推移都能到达，但自身不能到达其他状态的状态。若 $p_{jj}=1$，则 $f_{jj}=1$，根据定义 2、定义 3 可知状态 j 为常返状态并独自构成闭集，状态 j 以 1 的概率与周期返回状态 j，易知状态 j 符合演化稳定状态的定义。所以在状态空间有限的供应链信任演化博弈中，若两交易企业的历史交易结果 j 满足 $p_{jj}=1$，则结果状态 j 为供应链信任博弈的演化稳定状态。

三、供应链信任博弈的演化平稳分布

供应链信任演化稳定状态能够有效地描述 G 博弈经过演化后所呈现的历史交易结果，但演化稳定状态可能不止一个，可能为多个，或者不存在。此时，供应链企业间信任博弈的演化平稳分布有助于描述 G 博弈的演化结果。

定义 5 (p_{ij}) 是 $\{X_n\}$ 的转移矩阵，若非负数列 $\{\pi_j\}$ 满足 $\sum_{j=0}^{\infty} \pi_j = 1$，$\pi_j =$

$\sum_{k=0}^{\infty} \pi_k p_{kj}$，j = 0，1，…，$2^{2m}$，则$\{\pi_j\}$是$\{X_n\}$的平稳分布。

从博弈 G 的长期演化来看，$\{X_n\}$的状态空间 E 中的各个双方历史交易结果将以$\{\pi_j\}$的概率发生，该概率分布具有稳定性。因$\{X_n\}$为双方历史交易结果个数有限的马氏链，则恒有平稳分布。通过博弈 G 的演化稳定状态及演化平稳分布，探索并利用供应链信任博弈的演化发展规律，控制演化系统的运作过程，实现期望的演化稳定状态。

第三节 存在误差的供应链信任博弈演化

有限理性假定供应链企业会犯偶然的错误，并有可能持续地犯错。于是可认为错误真实存在并会再次发生，供应链信任演化系统将受到由错误引发的连续随机冲击，影响着系统的演化均衡。错误表现为供应链交易者未选择依据决策规则得出的策略，错误可由内部因素和外部环境的突变导致，内部因素有企业内部资源、目标预期等，外部环境有信任氛围、法律制度等，这些突变可为好的或不好的变化，这都将影响着博弈 G 的演化方向。因此，这些变化可视为博弈演化系统的误差，并将其加到供应链信任博弈的演化模型中，以分析误差对供应链信任博弈演化过程的影响。

一、外部环境变化时的供应链信任博弈演化

供应链企业在进行决策时，既要考虑企业内部因素，也要注意外部环境，因为供应链企业对于内部因素的可控度较高，而对外部环境的可控度较低，所以本书中的误差主要考虑由外部环境的变化导致，以此来分析误差对供应链企业间信任博弈演化的影响。

假定供应链企业 x 对 $H_{xx'}$ 的准确行动概率为$(1-\varepsilon)$，但以 $\varepsilon>0$ 的概率做出错误的选择。此时博弈方学习和策略调整模式，具体地，当 $2\xi_x^n-m>s$ 时，企业 x 以概率$(1-\varepsilon)$选择 T 策略，以概率 ε 选择 B 策略；当 $2\xi_x^n-m=s$ 时，企业 x 仍以概率 $p\in(0,1)$选择 T 策略，以概率$(1-p)$选择 B 策略；当 $2\xi_x^n-m<s$ 时，企业 x 以概率$(1-\varepsilon)$选择 B 策略，以概率 ε 选择 T 策略。同理，对于任意的非负整数 n，任意的 i_0，i_1，…，i_{n-1}，i，j$\in$E，当 P>0，有：

$$P\{X_{n+1}=j\,|\,X_0=i_0,\ X_1=i_1,\ \cdots,\ X_{n-1}=i_{n-1},\ X_n=i\}$$

$$=\begin{cases} \sum_{i=1}^{3}\sum_{j=1}^{3} P(A_1|C_{1i})\,P(A_2|C_{2j}), & \text{若}\ j=\{\dot{H}_{12}^n,\ T,\ \dot{H}_{21}^n,\ T\} \\ \sum_{i=1}^{3}\sum_{j=1}^{3} P(A_1|C_{1i})\,P(\overline{A}_2|C_{2j}), & \text{若}\ j=\{\dot{H}_{12}^n,\ T,\ \dot{H}_{21}^n,\ B\} \\ \sum_{i=1}^{3}\sum_{j=1}^{3} P(\overline{A}_1|C_{1i})\,P(A_2|C_{2j}), & \text{若}\ j=\{\dot{H}_{12}^n,\ B,\ \dot{H}_{21}^n,\ T\} \\ \sum_{i=1}^{3}\sum_{j=1}^{3} P(\overline{A}_1|C_{1i})\,P(\overline{A}_2|C_{2j}), & \text{若}\ j=\{\dot{H}_{12}^n,\ B,\ \dot{H}_{21}^n,\ B\} \\ 0, & \text{其他} \end{cases}$$

$$=P\{X_{n+1}=j\,|\,X_n=i\} \qquad (5-2)$$

可见外部环境变化的$\{X_n\}$也为齐次马氏链，且$p_{ij}=P\{X_{n+1}=j|X_n=i\}$为一步转移概率。其中，$P(A_x|C_{x1})=P(\overline{A}_x|C_{x3})=1-\varepsilon$，$P(\overline{A}_x|C_{x1})=P(A_x|C_{x3})=\varepsilon$，$P(A_x|C_{x2})=p$，$P(\overline{A}_x|C_{x2})=1-p$，由此可得状态转移矩阵$P^\varepsilon$。

二、外部环境良好时的供应链信任博弈演化

在外部环境良好时，法律制度健全，信任气氛浓重，此时供应链企业也更倾向于信任策略，即使依据决策规则得出的策略为背叛策略，也会以ε的概率选择错误的信任策略。此时博弈方学习和策略调整模式，当$2\xi_x^n-m>s$时，供应链企业x以概率1选择T策略；当$2\xi_x^n-m=s$时，企业x以概率$p\in(0,1)$选择T策略，以概率$(1-p)$选择B策略；当$2\xi_x^n-m<s$时，企业x以概率$(1-\varepsilon)$选择B策略，以概率ε选择T策略。同理有：

$$P\{X_{n+1}=j\,|\,X_0=i_0,\ X_1=i_1,\ \cdots,\ X_{n-1}=i_{n-1},\ X_n=i\}$$

$$=\begin{cases} \sum_{i=1}^{3}\sum_{j=1}^{3} P(A_1|C_{1i})\,P(A_2|C_{2j}), & \text{若}\ j=\{\dot{H}_{12}^n,\ T,\ \dot{H}_{21}^n,\ T\} \\ \sum_{i=1}^{3}\sum_{j=2}^{3} P(A_1|C_{1i})\,P(\overline{A}_2|C_{2j}), & \text{若}\ j=\{\dot{H}_{12}^n,\ T,\ \dot{H}_{21}^n,\ B\} \\ \sum_{i=2}^{3}\sum_{j=1}^{3} P(\overline{A}_1|C_{1i})\,P(A_2|C_{2j}), & \text{若}\ j=\{\dot{H}_{12}^n,\ B,\ \dot{H}_{21}^n,\ T\} \\ \sum_{i=2}^{3}\sum_{j=2}^{3} P(\overline{A}_1|C_{1i})\,P(\overline{A}_2|C_{2j}), & \text{若}\ j=\{\dot{H}_{12}^n,\ B,\ \dot{H}_{21}^n,\ B\} \\ 0, & \text{其他} \end{cases}$$

$$=P\{X_{n+1}=j\,|\,X_n=i\} \qquad (5-3)$$

可见外部环境良好时的$\{X_n\}$也为齐次马氏链,且$p_{ij}=P\{X_{n+1}=j|X_n=i\}$为一步转移概率。其中,$P(A_x|C_{x1})=1$,$P(A_x|C_{x2})=p$,$P(\overline{A}_x|C_{x2})=1-p$,$P(A_x|C_{x3})=\varepsilon$,$P(\overline{A}_x|C_{x3})=1-\varepsilon$,由此可得状态转移矩阵$P^{\varepsilon 1}$。

三、外部环境较差时的供应链信任博弈演化

在外部环境较差时,法律制度不够完善,信任气氛淡薄,市场交易秩序不够稳定,此时供应链企业更倾向于背叛策略,即使依据决策规则得出的策略为信任策略,也会以ε的概率选择错误的背叛策略。当$2\xi_x^n-m>s$时,供应链企业x以概率$(1-\varepsilon)$选择T策略,以概率ε选择B策略;当$2\xi_x^n-m=s$时,企业x以概率$p\in(0,1)$选择T策略,以概率$(1-p)$选择B策略;当$2\xi_x^n-m<s$时,企业x以概率1选择B策略。同理有:

$P\{X_{n+1}=j|X_0=i_0,X_1=i_1,\cdots,X_{n-1}=i_{n-1},X_n=i\}$

$$=\begin{cases} \sum_{i=1}^{2}\sum_{j=1}^{2}P(A_1|C_{1i})P(A_2|C_{2j}), & 若j=\{\dot{H}_{12}^n,T,\dot{H}_{21}^n,T\} \\ \sum_{i=1}^{2}\sum_{j=1}^{3}P(A_1|C_{1i})P(\overline{A}_2|C_{2j}), & 若j=\{\dot{H}_{12}^n,T,\dot{H}_{21}^n,B\} \\ \sum_{i=1}^{3}\sum_{j=1}^{2}P(\overline{A}_1|C_{1i})P(A_2|C_{2j}), & 若j=\{\dot{H}_{12}^n,B,\dot{H}_{21}^n,T\} \\ \sum_{i=1}^{3}\sum_{j=1}^{3}P(\overline{A}_1|C_{1i})P(\overline{A}_2|C_{2j}), & 若j=\{\dot{H}_{12}^n,B,\dot{H}_{21}^n,B\} \\ 0, & 其他 \end{cases}$$

$=P\{X_{n+1}=j|X_n=i\}$ (5-4)

可见外部环境较差时的$\{X_n\}$也为齐次马氏链,且一步转移概率为$p_{ij}=P\{X_{n+1}=j|X_n=i\}$。其中,$P(A_x|C_{x1})=1-\varepsilon$,$P(\overline{A}_x|C_{x1})=\varepsilon$,$P(A_x|C_{x2})=p$,$P(\overline{A}_x|C_{x2})=1-p$,$P(\overline{A}_x|C_{x3})=1$,由此可得状态转移矩阵$P^{\varepsilon 2}$。

根据外部环境变化时、外部环境良好时、外部环境较差时的供应链企业间信任博弈演化分析,可得这三种情形下的状态转移矩阵P^{ε},$P^{\varepsilon 1}$,$P^{\varepsilon 2}$,利用定义1至定义4对三种情形下的状态空间E进行分类,识别三种情形下的演化稳定状态或演化平稳分布,对比并分析三种不同情形对G博弈演化过程的影响。

通过对比无误差与存在误差的供应链信任博弈演化模型,识别演化稳定状态的变化,分析误差对博弈G演化过程的影响。若无误差的供应链信任博弈演

化模型能够通过其演化路径达到帕累托效率的演化稳定状态，则无须引入误差来改进演化稳定状态。若无误差的供应信任博弈演化模型通过其演化路径不能达到帕累托效率的演化稳定状态，则须引入误差，通过利用或控制外部环境的影响因素以改变其演化路径，进而改善演化稳定状态使其达到帕累托效率。

第四节 数值模拟与分析

设置 G 博弈演化系统参数 $m=2$，$p=2/3$，$s=0$，$\varepsilon=1\%$。$\{X_n\}$ 的状态空间 E，即两交易企业的 $\{H_{12}, H_{21}\}$ 可能出现的所有策略有序组合的集合。不考虑两个企业的排序前后，即 $\{H_{12}, H_{21}\}$ 与 $\{H_{21}, H_{12}\}$ 等价，剔除等价的状态后，E = { {T, T, T, T}, {T, T, T, B}, {T, T, B, T}, {T, T, B, B}, {T, B, T, B}, {T, B, B, T}, {T, B, B, B}, {B, T, B, T}, {B, T, B, B}, {B, B, B, B} }，并按 1~10 对其中的状态进行编号，则无误差的博弈 G 演化过程的状态转移概率矩阵为：

$$P = \begin{bmatrix} 1 & 0 & 0 & 0 & 0 & 0 & 0 & 0 & 0 & 0 \\ 0 & 0 & \frac{2}{3} & 0 & 0 & \frac{1}{3} & 0 & 0 & 0 & 0 \\ \frac{2}{3} & \frac{1}{3} & 0 & 0 & 0 & 0 & 0 & 0 & 0 & 0 \\ 0 & 0 & 0 & 0 & 0 & 1 & 0 & 0 & 0 & 0 \\ 0 & 0 & 0 & 0 & 0 & 0 & \frac{4}{9} & \frac{4}{9} & \frac{1}{9} & 0 \\ 0 & 0 & \frac{4}{9} & \frac{2}{9} & 0 & \frac{2}{9} & \frac{1}{9} & 0 & 0 & 0 \\ 0 & 0 & 0 & 0 & 0 & 0 & 0 & \frac{2}{3} & \frac{1}{3} & 0 \\ \frac{4}{9} & \frac{4}{9} & 0 & 0 & 0 & \frac{1}{9} & 0 & 0 & 0 & 0 \\ 0 & 0 & 0 & 0 & 0 & \frac{2}{3} & \frac{1}{3} & 0 & 0 & 0 \\ 0 & 0 & 0 & 0 & 0 & 0 & 0 & 0 & 0 & 1 \end{bmatrix} \quad (5-5)$$

则无误差时的状态转移如图 5-2 所示，其中箭头表示一状态可转移到另一状态，且其转移概率就是箭头上的数值。

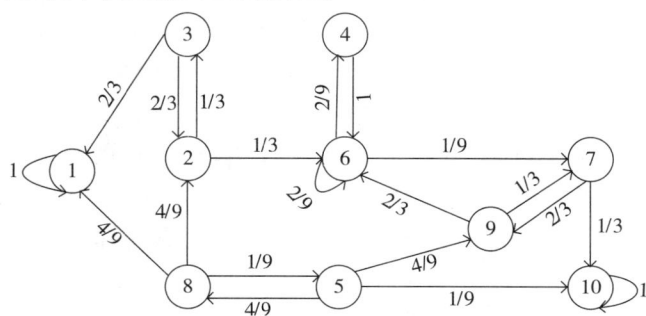

图 5-2 无误差的供应链信任博弈演化状态转移

可知 $f_{11}=f_{1010}=1$，$f_{jj}\neq 1$，$j\in[2,9]$，状态 2 至状态 9 中任意两状态互通，所以状态 1 和状态 10 为吸收态，其他状态为非常返状态。因此，{T，T，T，T} 和 {B，B，B，B} 为供应链信任博弈的演化稳定状态，当博弈到达某一阶段后，供应链交易企业双方每次交易都将采取相同的策略，信任策略或背叛策略。

无误差的博弈 G 的演化稳定状态既存在帕累托效率的 {T，T，T，T}，也存在低效率的 {B，B，B，B}。为避免博弈 G 向着低效率的状态演化，并促使其稳定地朝着帕累托效率的状态演化，所以引入误差项，以研究外部环境变化对博弈 G 演化的影响，而在外部环境变化情形下的供应链信任博弈演化的状态转移概率矩阵 P^{ε} 为：

$$P^{\varepsilon}=\begin{bmatrix} a & 2b & 0 & 0 & e & 0 & 0 & 0 & 0 & 0 \\ 0 & 0 & c & d & 0 & f & g & 0 & 0 & 0 \\ c & \frac{1}{3}(1+\varepsilon) & 0 & 0 & g & 0 & 0 & 0 & 0 & 0 \\ 0 & 0 & b & e & 0 & a & b & 0 & 0 & 0 \\ 0 & 0 & 0 & 0 & 0 & 0 & 0 & \frac{4}{9} & \frac{4}{9} & \frac{1}{9} \\ 0 & 0 & \frac{4}{9} & \frac{2}{9} & 0 & \frac{2}{9} & \frac{1}{9} & 0 & 0 & 0 \\ 0 & 0 & 0 & 0 & 0 & 0 & 0 & d & \frac{1}{3}(2-\varepsilon) & f \\ \frac{4}{9} & \frac{4}{9} & 0 & 0 & \frac{1}{9} & 0 & 0 & 0 & 0 & 0 \\ 0 & 0 & d & g & 0 & c & f & 0 & 0 & 0 \\ 0 & 0 & 0 & 0 & 0 & 0 & 0 & e & 2b & a \end{bmatrix} \quad (5-6)$$

其中，$a=(1-\varepsilon)^2$，$b=\varepsilon(1-\varepsilon)$，$c=2(1-\varepsilon)/3$，$d=2\varepsilon/3$，$e=\varepsilon^2$，$f=(1-\varepsilon)/3$，$g=\varepsilon/3$。$f_{jj}\neq 1$，$j\in[1,10]$，此时供应链不可分，供应链没有吸收态，所有状态为正常返状态，任意两状态互通。因此，在外部环境变化情形下的博弈 G，没有演化稳定状态，但存在演化平稳分布 $\{0.8579,0.0257,0.0258,0.0045,0.0002,0.0197,0.0035,0.0001,0.0036,0.059\}$，博弈 G 演化到达某一阶段后，状态的出现服从该平稳分布。处于状态 1 和状态 10 的概率分别为 85.79% 和 5.9%，表明供应链交易企业双方每次博弈都采取信任策略的概率较大。

不考虑变化方向的误差项，改变了供应链信任博弈演化的状态 1 和状态 10 的性质，即 $\{T,T,T,T\}$ 和 $\{B,B,B,B\}$，由无误差时的正常返状态变为存在误差时的非常返状态，演化博弈状态也随着交易次数的递增，在交易双方每次都选择信任策略与每次都选择背叛策略之间相互转换。因为外部环境变化时的博弈 G 不存在帕累托效率的演化稳定状态，则考虑外部环境良好情形下的供应链信任博弈演化的状态转移概率矩阵 P^{ε_1}：

$$P^{\varepsilon_1}=\begin{bmatrix} 1 & 0 & 0 & 0 & 0 & 0 & 0 & 0 & 0 & 0 \\ 0 & 0 & \frac{2}{3} & 0 & 0 & \frac{1}{3} & 0 & 0 & 0 & 0 \\ \frac{2}{3} & \frac{1}{3} & 0 & 0 & 0 & 0 & 0 & 0 & 0 & 0 \\ 0 & 0 & \varepsilon & 0 & 0 & 1-\varepsilon & 0 & 0 & 0 & 0 \\ 0 & 0 & 0 & 0 & 0 & 0 & \frac{4}{9} & \frac{4}{9} & \frac{1}{9} \\ 0 & 0 & \frac{4}{9} & \frac{2}{9} & 0 & \frac{2}{9} & \frac{1}{9} & 0 & 0 & 0 \\ 0 & 0 & 0 & 0 & 0 & 0 & d & \frac{1}{3}(2-\varepsilon) & f \\ \frac{4}{9} & \frac{4}{9} & 0 & 0 & \frac{1}{9} & 0 & 0 & 0 & 0 & 0 \\ 0 & 0 & d & g & 0 & c & f & 0 & 0 & 0 \\ 0 & 0 & 0 & 0 & 0 & 0 & 0 & e & 2b & a \end{bmatrix} \quad (5-7)$$

可知 $f_{11}=1$，$f_{jj}\neq 1$，$j\in[2,10]$，所以状态 1 为吸收态，其他状态为非常返状态。因此，外部环境良好时的供应链信任演化博弈存在唯一的演化稳定状态 $\{T,T,T,T\}$。可见外部环境向好能够使博弈 G 的演化朝着一个稳定的帕累托效率的状态发展，即当博弈到达某一阶段后，供应链交易企业双方每次博弈都采取信任策略。显然外部环境向好对 G 的演化具有积极影响。

为了研究的完备，考虑外部环境变差时对供应链信任博弈 G 演化影响，进一步分析反向误差对 G 演化过程的影响，通过外部环境较差情形下的博弈 G 的状态转移概率矩阵 P^{e_2}，可知 $f_{1010}=1$，$f_{jj}\neq 1$，$j\in[1,9]$，所以状态 10 为吸收态，其他状态为非常返状态。因此外部环境较差情形下的博弈 G 也存在唯一的演化稳定状态 {B, B, B, B}。但外部环境较差时博弈 G 的演化朝着一个稳定的但缺乏效率的状态靠近，即当博弈到达某一阶段后，供应链交易企业双方每次博弈都采取背叛策略。显然外部环境变差对 G 的演化具有消极影响。

引入正向误差，利用外部环境的影响因素，改善外部环境，从而改变了供应链信任博弈的演化状态 10 的状态性质，即 {B, B, B, B}，打破了其在无误差时的稳定，由无误差时的演化稳定状态变为存在正向误差时的非常返状态。同时状态 1，即 {T, T, T, T}，依然且唯一的是博弈 G 的稳定演化状态，这就确保了博弈 G 稳定地朝着帕累托效率的状态演化。而引入反向误差，控制外部环境的影响因素，恶化外部环境，从而改变了供应链信任博弈的演化状态 1 的状态性质，打破了其在无误差时的稳定，由无误差时的演化稳定状态变为存在反向误差时的非常返状态，令状态 10 成为博弈 G 唯一的稳定演化状态，使博弈 G 朝着效果最差的状态接近。显然误差的方向决定了博弈 G 的演化方向，因此积极触发正向误差且避免反向误差，使 G 向帕累托效率均衡状态发展，同时防止了 G 向低效率状态逼近，使得供应链交易企业双方每次博弈都将选择信任策略。

第五节　基于外部因素的供应链信任治理策略

本章第四节内容显示，当不存在误差时，即博弈方按照最佳反应策略采取行动，此时供应链企业间信任博弈存在两个演化稳定状态，即博弈要不都采取信任策略，要不就都采取背叛策略，其中一个是帕累托效率，而另一个是低效率，这一演化结果不符合期望，而期望的演化结果是以稳定的概率达到帕累托效率。当存在误差时，即博弈方没有按照最佳反应策略采取行动，此时供应链企业信任博弈的演化结果发生了改变，同时存在误差时也有三种不同的情形，即无向的误差、正向的误差、反向的误差。研究结果显示正向误差使供应链企业间信任博弈的演化均衡为博弈双方每次博弈都选择信任策略，而反向误差使供应链企业间信任博弈的演化均衡为博弈双方每次博弈都选择背叛策略，即外部环境变好会促进企业间的信任，而外部环境变差则会恶化企业间的信任。所以通过长期地利用或控制外部环境的影响因素，以持续地改善外部环境或防止外部环境恶化，进而改进供应链的信任均衡。具体措施如下：

（1）建立信任追踪机制，构建信任执行情况信息的数据共享平台。依据供应链企业间博弈的策略选择机制，供应链企业通过数据共享信息平台，采取相应的策略。数据共享平台可以为第三方机构，这样就能有效地监控供应链合作企业的交易情况，记录供应链成员企业的信任行为执行情况，并为下一次的交易提供决策信息。当博弈一方的历史交易记录良好，也可认为该博弈方拥有良好的信誉，此时另一博弈方有可能采取信任策略。在博弈过程中，博弈双方都知悉对方的历史交易策略，所以随着交易次数的增长，博弈双方都将采取信任策略。但当博弈一方的历史交易记录中有失信行为时，该方信誉度降低，将影响到下一次的交易。所以在信任追踪机制下，供应链企业都尽可能减少失信行为，提高信誉，从而改善供应链企业间的信任关系。信任追踪机制是一种监督机制，能够约束和规范供应链企业的行为，推动供应链企业间构建信任关系。

（2）创造良好的交易环境。供应链信任关系的发展与维护，不仅需要供应链成员企业自觉提高可信度，也需要政府相关部门主动创造维护信任的条件。政府相关部门须创造良好的交易环境，建立健全科学的法律制度，公正地执行司法程序，严格执法，积极维护市场交易秩序。法律是一种特殊的社会规范，是人民的行为准则，也是企业的行为准则，具有强制性和约束性特点。所以通过构建科学的法律制度能够约束供应链企业的行为，保障供应链企业的正当利益，维护正常的市场交易秩序。科学的法律制度应鼓励信任行为，惩治失信行为。法律尊严的维护需要落实法律制度，对于供应链企业的失信行为，追究到底，这样才能杜绝供应链企业的失信行为，降低市场交易的风险，稳定市场交易秩序，激发市场经济的活力。

（3）宣传诚实守信的职业品质。社会道德规范和伦理基础的宣传，能够有效地形成一套较为完整的社会道德体系。营造以诚实守信为荣的社会氛围，引导供应链成员企业在合作的过程中，时刻保持诚实守信的优良作风，自觉约束自身行为，这样不仅能顺利且愉快地合作，还能成为下次合作的基础。所以通过宣传诚实守信的职业品质能够持久地改善供应链信任。

第六节　本章小结

借鉴博弈学习理论，运用离散时间马尔可夫链方法，构建供应链企业间信任演化的博弈模型，研究供应链企业间信任的演化过程及演化稳定状态。引入由外部环境导致的误差项，以分别分析正向误差与反向误差对供应链信任演化均衡的影响。研究结果表明，正向误差使供应链企业间信任博弈的演化均衡为博弈双方每次博弈都选择信任策略，而反向误差使供应链企业间信任博弈的演化均衡为博弈双方每次博弈都选择背叛策略。所以外部环境向好可促进企业间的信任，而外部环境变差则会恶化企业间的信任。通过利用或控制外部环境的影响因素，持续地改善外部环境或防止外部环境恶化来改善供应链信任。

第六章

基于信任的新能源汽车供应链协调决策研究

第一节 问题的提出

新能源汽车作为国家重点关注的新兴战略产业是在当前经济环境下对汽车产业提出的新要求。新能源汽车的发展,既是一种机遇同时也面临着严峻的考验,关键技术瓶颈、基础设施、市场体系等的健全与否,都关乎着新能源汽车能否健康持续发展。因此,针对新能源汽车发展过程中遇到的问题就需要我们根据已有理论以及实践进行引导和规范,本章将针对在新能源汽车推广期间,政府、企业、消费者三者之间的供应链协调决策关系进行分析。由于目前市场竞争激烈,新产品更新发展快,对环保、经济、低碳等要求更高,加之环境、能源危机加剧,研究供应链的协调决策问题已经不能从传统的角度进行考虑,将环境等外部因素引入供应链协调决策分析当中是供应链管理发展的未来趋势。政府作为公众利益的代表,作为市场中有形的"大手",在市场还未完全建立起来之前,发挥着引导、调控的职能作用,将政府引入供应链协调决策分析当中,虽然增加了供应链研究的复杂性,但同时也让供应链协调决策的研究更加完善化、系统化,更符合实际要求。

蒋洪伟、韩文秀(2000)将环境与经济的和谐发展作为供应链研究的重点,将环境因素融入供应链各个环节的问题研究上。王云儿(2004)通过运用博弈论知识研究了在绿色供应链管理当中,政府和企业、企业和消费者之间的关系。朱庆华、窦一杰(2007)将演化博弈模型运用在绿色供应链管理研究当中,提出政府与核心企业要想达到共赢的目的,需要采取哪些合理化的策略。

通过对以往研究文献的借鉴,以及对低碳供应链协调优化的理论知识学习,结合博弈论分析的方法,研究新能源汽车供应链的协调决策问题是本章研究的重点。本章通过对供应链、供应链管理的研究现状分析,以及新能源汽车供应链协调发展的概况分析，突出政府在新能源汽车推广期间的重要性，在此基础上基于博弈论的知识构建基于政府、企业、消费者的三方博弈模型，讨论政府参与决策对新能源汽车供应链协调决策的影响。通过对博弈模型分析，提出各个行为主体在不同的决策下对各自收益的影响，最后以东风柳州汽车有限公司新能源汽车的补贴为案例，分析了政府补贴对新能源汽车发展的影响，并结合具体的分析结果，从政府、企业、消费者三个角度提出合理化建议，目的是推动广西壮族自治区（以下简称"广西"）新能源汽车供应链的协调发展。

供应链协调是供应链整体有序运行的基础，也是实现供应链整体运行最优的保障。由于供应链网络的复杂化、动态化导致供应链各节点之间存在信息的失真、利益冲突、投机主义。新能源汽车供应链相较于传统汽车供应链更强调政府在供应链运作当中的作用，政府的加入使供应链协调决策行为更加复杂，但也使供应链协调决策的研究更加完善化、系统化。本章运用博弈论知识，建立基于政府、企业、消费者三方博弈的供应链协调决策模型，从理论上更加明确了各行为主体在供应链协调决策过程中的地位和作用，通过政府补贴的应用分析，定量描述了政府补贴对供应链整体协调决策的影响。通过理论分析和案例分析的结合，为促进新能源汽车供应链协调决策提供了参考依据。

第二节 新能源汽车

一、新能源汽车的概念

新能源汽车是指采用非常规的车用燃料作为动力来源，综合车辆的动力控制和驱动方面的先进技术，形成的技术原理先进、具有新技术、新结构的汽车（新能源汽车包括使用常规的车用燃料和采用新型的车用动力装置构成的汽车）。

新能源汽车按其工作原理可以分为纯电动汽车和混合动力电动汽车，其主要分类如图6-1所示。新能源汽车以低排放量、低碳、环保、节能等优点得到推崇。由于新能源汽车市场还未完全打开，因此在前期的新能源汽车买卖市场中总体上是以纯电动汽车和混合动力电动汽车为主。新能源汽车产业是国家重点投资并关注的新兴产业，指引着汽车产业将来的走向。此外，新能源汽车在改善环境、能源、消费结构以及提升空气质量、促进产业升级改造等方面意义重大。

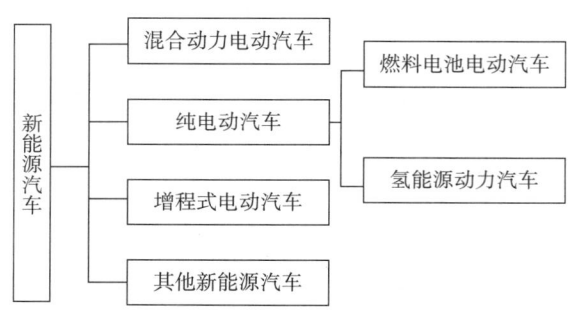

图 6-1 新能源汽车分类

1. 纯电动汽车

纯电动汽车是指采用单一蓄电池储能动力的汽车，由电池向电动机供电，以达到推动汽车行驶的目的。与传统的车型相比，纯电动汽车在使用过程中产生的环境污染小、废气少、噪声低、经济性高，此外汽车的构造简单、在使用和维修时都比较方便，使用时间长久，可以通过电池的更换持续使用，并且不受环境和使用范围的影响，从而备受推崇。目前，广西部分城市的物流和环卫类主要采用纯电动汽车。但由于电池储存能量少、研发新的电池周期长、短时间内无法形成规模效应，所以造成电池使用成本高的窘迫局面，目前新能源汽车的电池容量和续航能力还无法满足全天候的实际需要，因此，对新能源汽车电池研发的瓶颈一直制约着新能源汽车的发展。

2. 混合动力电动汽车

混合动力电动汽车是将内燃机、电动机与一定容量的蓄电池通过控制系统相组合，电动机可以补充提供车辆起步、加速时所需的转矩，又可以存储吸收内燃机富余功率和车辆制动能量，从而可以降低油耗和污染物排放的新型汽车。按照汽车的组成部件抑或布置方式和控制策略的不同，混合动力电动汽车有多种划分。这种类型的汽车可按平均功率来确定内燃机的最大功率，因此产生的耗油量少，对环境的污染也相对较低。由于混合动力电动汽车在内燃机工作期间，电池可以得到不断地充电，因此可以在不同的驱动系统之间自由切换，这使混合动力电动汽车的性能和普通汽车没有什么区别，反而会带来更多的环境效益。但混合动力的汽车也存在系统结构相对复杂、长距离行驶省油效果不明显的弊端，因此在混合动力电动汽车的推广中如何解决这些难题成为众多汽车制造企业研究的重点。然而，在新能源汽车开发的初期我们可以借助混合动力电动汽车进而过渡到纯电车汽车。

3. 燃料电池电动汽车

燃料电池电动汽车是指其动力系统由质子交换膜燃料电池、蓄电池和电机等组成，燃料电池堆生成的电能经过 DC/DC 转换器、DC/AC 逆变器等变换带动电机的运转，将电能转变成机械能为汽车提供动力。与混合动力电动汽车或纯电动汽车相比，燃料电池电动汽车的特殊性在于它不发生燃烧过程，而是直接通过电池将化学能转化为电能，其使用燃料范围广，可选择氢气、甲醇、天然气等，其中由于氢燃料电池的零排放特点而成为目前研究的重点。燃料电池电动汽车具有污染少、噪声小、能量转换效率高等优点，特别是采用氢能的燃料电池电动汽车在使用的整个生命周期中都几乎不产生温室气体，可以实现"零排放"的标准。而且燃料电池在短时间内就可以实现由低功率向额定功率的转换。

新能源汽车的发展，需要经历两个阶段：①以混合动力电动汽车为主，燃料电池电动汽车等为辅的发展方向，开拓新能源汽车市场。②在纯电动汽车技术成熟的基础上，由纯电动汽车逐步替代混合动力电动汽车及燃料电池电动汽车以至于完全占据新能源汽车市场，实现"零排放"的阶段。在政府政策的大力扶持以及各个汽车制造企业及相关部门的努力下，目前新能源汽车逐步度过了摇摆不定的阶段，并向收获阶段发展。

二、新能源汽车供应链

新能源汽车供应链是在传统的供应链基础上引入了对环境因素的考量而形成的新的功能网链结构。胡磊鑫（2014）将新能源汽车供应链分成了三个部分，即上游的关键零部件企业、中游的整车制造企业、下游的最终用户。新能源汽车供应链如图 6-2 所示。新能源汽车供应链不仅包含新能源汽车的动力电池系统、电机和电控"三大电"，还包含与之相关的技术研发、制造、产品组配、流通等，形成了各种信息流动（信息流、实物流、资金流），同时新能源汽车供应链还需要与充电运营商、电池租赁企业、互联网及金融等企业进行合作来完成信息的交流共享。同时，新能源汽车供应链不仅受到外部政策、市场环境、消费者偏好等的影响，同时也受内部技术、资金、品牌的约束，从而使新能源汽车供应链的决策环境日益复杂。

一个完整的新能源汽车供应链网络系统涉及原材料供应商、新能源汽车电池制造商、新能源汽车装配企业、新能源汽车经销商、用户、基础设施提供商、保险公司、政府相关部门等。新能源汽车供应链网络系统如图 6-3 所示。

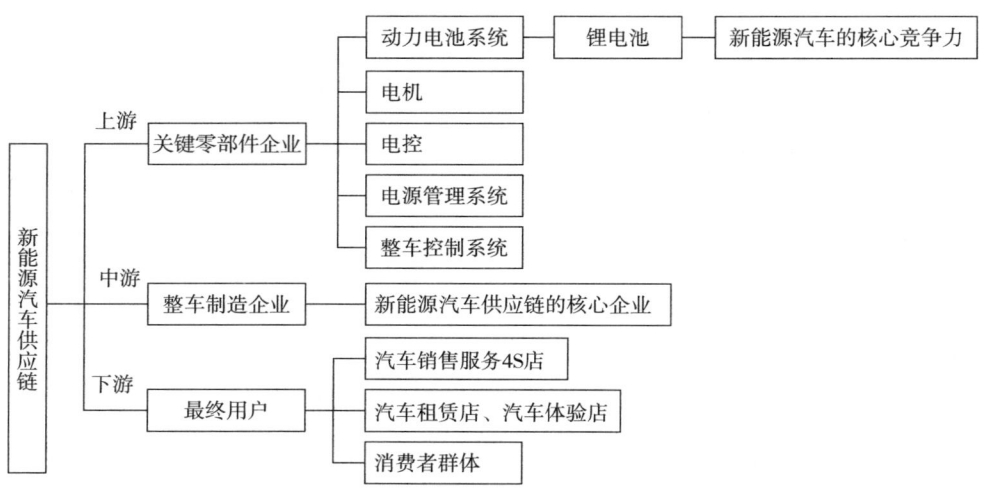

图 6-2　新能源汽车供应链

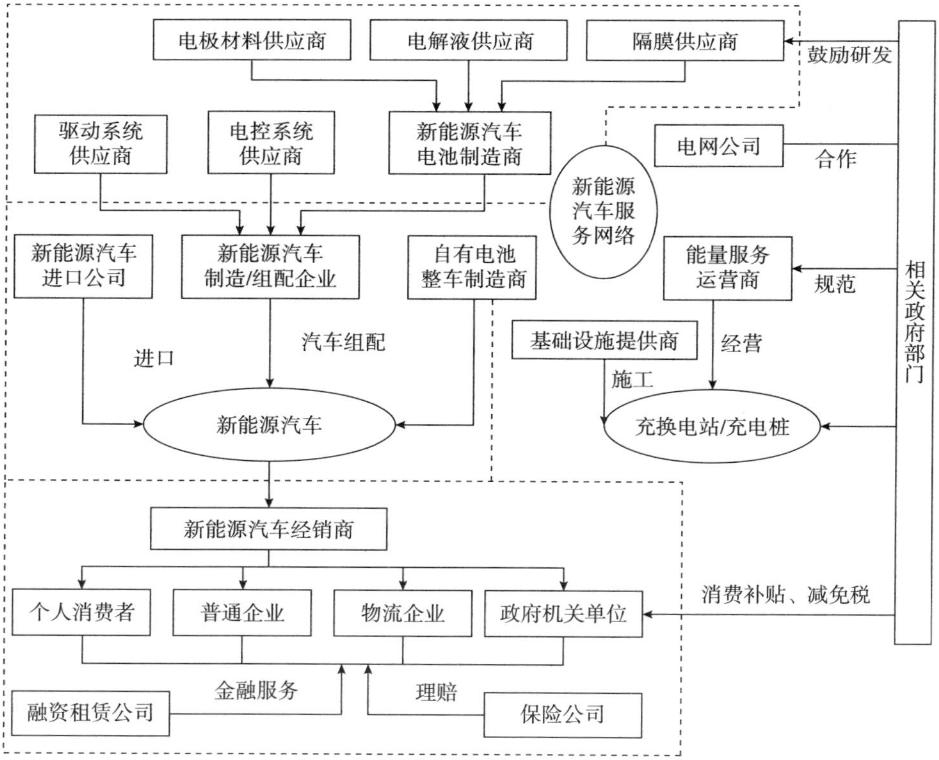

图 6-3　新能源汽车供应链网络系统

目前，新能源汽车供应链发展虽然有其特殊性和机遇性，但是与传统的汽车供应链发展相比，还处于初期阶段，且新能源汽车供应链对关键零部件以及技术依赖性较高，一些关键零部件研发困难也阻碍了新能源汽车的发展，此外对新能源汽车的市场消费需求目前还不稳定，受政府政策、产品销售价格、消费心理、技术发展水平等多种因素影响，许多潜在的消费群体还处于观望态度，政府在宏观政策调控方面还有待完善，这些问题在很大程度上影响了新能源汽车供应链的整体效益。

第三节 完全信任信息静态博弈的供应链协调决策模型

新能源汽车供应链是在传统的供应链基础上融入环境因素，考虑节能环保低碳经济，是社会经济和环境友好的保障，其最终目的在于提高资源的有效利用，并使供应链的整体运营对环境带来的危害降到最低。

融入了环境因素的新能源汽车供应链中参与人相较于传统的汽车供应链参与人发生了改变，不仅包括传统的供应商、制造商、分销商、最终用户等各个环节的参与人，还增加了政府。政府作为新的参与成员加入供应链管理的研究当中，使整个供应链的运作情况发生了改变。假使我们把传统供应链系统中的参与人供应商、制造商、分销商等看作一个利益整体，他们是一个由企业主导的利益共同体，其目的都是使自身的利益最大化，在研究新能源汽车供应链协调决策问题时，博弈的主体就转变成了政府、企业、消费者三方之间的博弈分析。在此博弈中，政府为追求社会公共利益最大化，就必然要求企业生产有利于环境保护的产品，节约资源，降低对环境的危害。同时也要求消费者能够购买使用节能环保的产品，提高环保消费意识，促进环境、经济的友好发展，而消费者对节能环保产品的购买使用，不仅有利于政府对环境保护的要求，也为企业生产节能环保产品提供了动力和发展机遇，因此，对政府、企业、消费者三方博弈的分析就较有现实意义。本节主要分析基于政府、企业、消费者三方博弈的静态博弈分析方法，通过运用博弈论优化建模的思想，来研究新能源汽车供应链中政府、企业、消费者的最优策略问题，并通过建立博弈模型、模型求解，来进一步分析。

一、基于政府、企业、消费者的静态博弈分析

开辟新能源汽车市场是汽车发展的未来趋势。历经三次工业革命后，经济已急速发展，但随之而来的能源、资源、环境问题也在不断加剧。能源、环境等危机迫切地推动了经济结构的转型，由高碳经济向低碳经济发展、促进节能减排成为时代的趋势，新能源汽车的低碳、环保、污染小、经济、便利等均对缓解能源和环境危机极为有利，能进一步实现经济可持续发展。同时，推广新能源汽车也为发展未来汽车产业指明了战略发展方向，借助新能源汽车转型有助于实现我国在汽车产业的"做大、做强之梦"，不断扩大中国汽车市场领域，促进经济结构转型以及快速发展。在这种大背景下，分析界定基于博弈论知识的广西新能源汽车供应链协调决策机制，构建供应链协调决策的框架与方法，对解决新能源汽车供应链协调决策中出现的问题具有现实意义，也有利于促进广西新能源汽车的推广。

本节将采用静态博弈的分析方法，对由政府、企业、消费者构成的新能源汽车供应链节点的利益分配和博弈过程进行分析，得出最优概率，以此设计激励协调机制。

1. 静态博弈模型的假设和构建

发展新能源汽车需要政府、企业、消费者以及社会各主体的参与，在研究新能源汽车发展的过程中，为突出政府、企业、消费者之间的联系，结合博弈论的知识，着重研究政府、企业、消费者三者之间的博弈过程分析，这是一个由多方主体参与的博弈过程分析。因此，本节在进行博弈分析时，为简化分析，做出以下假设：

假设1：政府是中央和地方政府的总称，且政府代表的是公众利益，为社会的长远发展谋福利。政府政策具有稳定性、前瞻性，除特殊情况外，一般不会发生重大调整，且政府的政策是公正透明的。

假设2：在此博弈过程中的参与者只有政府、企业、消费者，且三者都是具有学习能力的理性参与人，最终目的都是追求经济效用最大化。值得注意的是，这里的企业是指核心企业，是汇集了供应商、制造商、分销商、零售商等组成的整体利益集团的统称。

假设3：一旦政府参与扶持、调控、监管，对企业以及消费者的行为具有识别性，对不满足政府要求的企业、消费者，政府可以采取惩罚措施。

假设4：由于目前新能源汽车在续航里程方面存在瓶颈，以及充电电池充电时间长，驱动时间短，另外目前充电基础设施不完善等原因导致新能源汽车

在短期时间内不会完全取代传统汽车,但随着国家节能减排政策的出台,生产、购买燃油汽车需要支付一定的惩罚成本。

2. 博弈过程的描述

对政府而言:政府有两种策略即扶持策略和不扶持策略。第一,扶持策略包括两种情形,一种是政府发放一定的财政资金对生产符合新能源汽车目录车型的企业和购买符合新能源汽车目录车型的消费者进行补贴,另一种是对企业行为和消费者行为进行监督、指导,对不利于政府政策实行的行为进行限制和处罚。第二,不扶持策略,即政府不对企业和消费者采取措施,但政府作为公众利益代表须对环境污染承担治理成本。

对企业而言:两种选择的策略即生产策略和不生产策略。第一,生产策略,即开发关键技术,生产新能源汽车,由于生产新能源汽车是符合低碳环保的发展要求,有利于改善环境问题并受到政府大力推崇,所以会享受政府提供的一些补贴措施,例如研发补贴等鼓励政策。第二,不生产策略,即继续从事传统汽车的生产,但是这种情况会给环境带来污染,进而需要承担更多的社会责任,同时这和低碳经济政策的理念相悖,会受到政府的限制,也会给企业的市场销售带来挑战。

对消费者而言:两种选择策略即购买策略和不购买策略。这里假设政府和企业不会干预消费者的购买选择,即消费者保留是否购买的自主选择权,但消费者需要承担实现购买行为之后的结果,即当购买符合新能源汽车补贴目录中的新能源汽车时,这种消费理念符合节能环保的要求,有利于缓解环境压力,能享受政府的补贴政策;当购买传统车型时,由于传统车型排放的汽车尾气会造成环境污染,因此,购买者需要承担对环境污染的治理成本,受到政府的惩罚,从而增加额外的购车成本,这种行为也不利于节能环保消费理念的推行。

在政府、企业、消费者三方博弈的过程中,任意一方的收益都会受到另外两方策略选择的影响。由于三者都是具有学习能力的理性参与人,因此会在不断的博弈过程中进行调整,进而趋向一个稳定的状态。

3. 博弈参与人的收益和成本阐述

政府扶持新能源汽车会带来良好的社会形象和环境福利的增加,因此,当企业选择生产新能源汽车和消费者选择购买新能源汽车时会受到政府的补贴(S_e,S_c),同时会产生一定的扶持成本 C_f;当企业生产传统汽车以及消费者购买传统汽车时,考虑到传统汽车对环境的污染,因此,会受到政府的处罚限制(S'_e,S'_c);此外政府还需承担传统汽车消费带来的环境污染治理成本。为了简化数据,我们假设当政府选择扶持新能源汽车时,且企业选择生产新能源汽车同时消费者愿意购买新能源汽车时,政府的治理成本为0;当企业选择生产新能源汽车而消费者选择不购买新能源汽车时，政府的治理成本为 C_{G1}；当企业选择不生产新能源汽车而消费者选择购买新能源汽车时，政府的治理成本为 C_{G2}；当企业选择不生产新能源汽车且消费者选择不购买新能源汽车时，政府的治理成本为 C_{G3}，且 $0 \leq C_{G1} \leq C_{G2} \leq C_{G3}$。

企业选择生产新能源汽车要承担生产新能源汽车过程中所付出的生产成本 C_y，同时也会获得政府补贴以及生产收益。当政府扶持且企业生产、消费者购买新能源汽车时，企业会获得额外收益 R_e，为便于分析，R_e 中包含政府的补贴 S_e，此外，若企业继续选择生产传统车型将受到政府处罚的限制 S'_e；当政府不扶持且企业生产、消费者购买新能源汽车时，企业获得的额外收益为 R'_e，假设 $R'_e = R_e - S_e$，则消费者的额外收益为 R'_c，假设 $R'_c = R_c - S_c$。注意，消费者的额外收益可以是使用新能源汽车的便利性、舒适性等带给消费者的隐性收益。

消费者的收益主要体现在购买新能源汽车享受到的国家补贴 S_c，以及其他的税收优惠政策，因此，当政府选择扶持且企业选择生产、消费者选择购买新能源汽车时，消费者的额外收益为 R_c，为便于分析，R_c 中包含政府的补贴 S_c。值得注意的是，这里的额外收益是指除了政府财政补贴之外的消费者能够享受到的其他收益，例如减免的车辆购置税；若消费者继续选择购买传统车型时会受到政府的惩罚限制成本 S'_c，为便于分析这里假设消费者选择购买新能源汽车时的隐性购车成本为 C_c。当政府不扶持、企业不生产、消费者不购买新能源汽车时，企业和消费者获得的收益设为 0。

三方博弈模型所使用的经济参数变量描述，如表 6-1 所示。

表 6-1　政府、企业、消费者三方博弈模型的经济参数变量描述

政府补贴 S（Subsidy）	S_e：政府对企业生产新能源汽车的补贴
	S_c：政府对消费者购买新能源汽车的补贴
收益 R（Receipt）	S'_e：企业生产传统汽车受到政府处罚的限制成本
	S'_c：消费者购买传统汽车受到政府的惩罚成本
	R_e：政府扶持且消费者购买新能源汽车时，企业生产获得的额外收益
	R'_e：当政府不扶持且消费者购买新能源汽车时，企业生产获得的额外收益
	R_c：当政府扶持且企业生产新能源汽车时，消费者购买获得的额外收益
	R'_c：当政府不扶持且企业生产新能源汽车时，消费者获得的额外收益

续表

成本 C （Cost）	C_f：政府扶持新能源汽车的成本	
	C_y：企业生产新能源汽车的成本	
	C_c：消费者选择购买新能源汽车时的购车成本	
	C_{G1}，C_{G2}，C_{G3}：不同策略下政府对环境污染的治理成本且 $0 \leq C_{G1} \leq C_{G2} \leq C_{G3}$	
概率 P （Probability）	P_1：政府选择扶持策略的概率，$(1-P_1)$：政府选择不扶持策略的概率	
	P_2：企业选择生产新能源汽车的概率，$(1-P_2)$：企业选择生产传统汽车的概率	
	P_3：消费者选择购买新能源汽车的概率，$(1-P_3)$：消费者选择购买传统汽车的概率，且 $0 \leq P_1 \leq 1$，$0 \leq P_2 \leq 1$，$0 \leq P_3 \leq 1$	

4. 政府、企业、消费者三方博弈的策略组合和收益矩阵

政府、企业、消费者三方博弈的过程中会形成八种策略组合，通过对不同策略的分析，可以得出政府、企业、消费者三方在八种策略下的收益情况，如表6-2所示。

表6-2 政府、企业、消费者在八种策略组合下的收益矩阵

序号	策略组合	政府收益	企业收益	消费者收益
1	（扶持，生产，购买）	$(-C_f - S_e - S_c)$	R_e	R_c
2	（扶持，生产，不购买）	$(-C_f - S_e - C_{G1} + S'_c)$	$(S_e - C_y)$	$-S'_c$
3	（扶持，不生产，购买）	$(-C_f - S_c - C_{G2} + S'_e)$	$-S'_e$	$(S_c - C_c)$
4	（扶持，不生产，不购买）	$(-C_f - C_{G3} + S'_e + S'_c)$	$-S'_e$	$-S'_c$
5	（不扶持，生产，购买）	0	R'_e	R'_c
6	（不扶持，生产，不购买）	$-C_{G1}$	$-C_y$	0
7	（不扶持，不生产，购买）	$-C_{G2}$	0	$-C_c$
8	（不扶持，不生产，不购买）	$-C_{G3}$	0	0

二、静态博弈模型分析

通过对政府、企业、消费者的不同策略组合下收益矩阵分析可以得出政府、

企业、消费者在不同策略下的期望收益，分别用 U_1、U_2、U_3、U_4、U_5、U_6 表示。

政府扶持策略下的期望收益为：

$$U_1 = P_1[P_2P_3(-C_f-S_e-S_c)+P_2(1-P_3)(-C_f-S_e-C_{G1}+S_c')+(1-P_2)P_3(-C_f-S_c-C_{G2}+S_e')+(1-P_2)(1-P_3)(-C_f-C_{G3}+S_e'+S_c')]$$

整理得：

$$U_1 = P_1[P_2(1-P_3)(-C_{G1})+P_3(1-P_2)(-C_{G2})+(1-P_2)(1-P_3)(-C_{G3})+(1-P_2)S_e'+(1-P_3)S_c'-P_2S_e-C_f]$$

政府不扶持策略下的期望收益为：

$$U_2 = (1-P_1)[P_2P_3 \times 0+P_2(1-P_3)(-C_{G1})+(1-P_2)P_3(-C_{G2})+(1-P_2)(1-P_3)(-C_{G3})]$$

整理得：

$$U_2 = (1-P_1)[P_2(1-P_3)(-C_{G1})+P_3(1-P_2)(-C_{G2})+(1-P_2)(1-P_3)(-C_{G3})]$$

当政府选择扶持策略和不扶持策略的预期收益相同时，博弈就达到了均衡，即令 $U_1 = U_2$，可得：

$$P_1^* = \frac{[P_2(1-P_3)(-C_{G1})+P_3(1-P_2)(-C_{G2})+(1-P_2)(1-P_3)(-C_{G3})]}{2 \times [P_2(1-P_3)(-C_{G1})+P_3(1-P_2)(-C_{G2})+(1-P_2)(1-P_3)(-C_{G3})]+(1-P_2)S_e'+(1-P_3)S_c'-P_2S_e-C_f}$$

为简化分析，令 $A = P_2(1-P_3)(-C_{G1})+P_3(1-P_2)(-C_{G2})+(1-P_2)(1-P_3)(-C_{G3})$，可得：

$$P_1^* = \frac{A}{2A+(1-P_2)S_e'+(1-P_3)S_c'-P_2S_e-C_f}$$

企业选择生产策略下的期望收益为：

$$U_3 = P_2[P_1P_3R_e+P_1(1-P_3)(S_e-C_y)+(1-P_1)P_3R_e'+(1-P_1)(1-P_3)(-C_y)]$$

整理得：

$$U_3 = P_2[P_3R_e+(P_1-P_3)S_e-(1-P_3)C_y]$$

企业选择不生产策略下的期望收益为：

$$U_4=(1-P_2)[P_1P_3(-S'_e)+P_1(1-P_3)(-S'_e)+(1-P_1)P_3\times 0+(1-P_1)(1-P_3)\times 0]$$

整理得：

$$U_4=(1-P_2)(-P_1S'_e)$$

当企业选择生产与选择不生产策略预期收益相同时，博弈就达到了均衡，即令 $U_3=U_4$，可得：

$$P_2^*=\frac{(-P_1S'_e)}{[P_3R_e+(P_1-P_3)S_e-(1-P_3)C_y]+(-P_1S'_e)}$$

为简化分析：令 $B=(-P_1S'_e)$

$$P_2^*=\frac{B}{[P_3R_e+(P_1-P_3)S_e-(1-P_3)C_y]+B}$$

消费者选择购买策略下的期望收益为：

$$U_5=P_3[P_1P_2R_c+P_1(1-P_2)(S_c-C_c)+(1-P_1)P_2\times R'_c+(1-P_1)(1-P_2)\times(-C_c)]$$

整理得：

$$U_5=P_3[P_2R_c+(P_1-P_2)S_c-(1-P_2)C_c]$$

消费者选择不购买策略下的期望收益为：

$$U_6=(1-P_3)[P_1P_2(-S'_c)+P_1(1-P_2)(-S'_c)+(1-P_1)P_2\times 0+(1-P_1)(1-P_2)\times 0]$$

整理得：

$$U_6=(1-P_3)(-P_1S'_c)$$

当消费者选择购买与不购买策略预期收益相同时，博弈就达到了均衡，即令 $U_5=U_6$，可得：

$$P_3^*=\frac{(-P_1S'_c)}{[P_2R_c+(P_1-P_2)S_c-(1-P_2)C_c]+(-P_1S'_c)}$$

为简化分析，令 $D=-P_1S'_c$，可得：

$$P_3^*=\frac{D}{[P_2R_c+(P_1-P_2)S_c-(1-P_2)C_c]+D}$$

通过对以上期望函数的分析，以及均衡状态的求解，可以得出政府、企业、消费者博弈的均衡解为：

$$\begin{cases} P_1^* = \dfrac{A}{2A+(1-P_2)S_e'+(1-P_3)S_c'-P_2S_e-C_f} \\ P_2^* = \dfrac{B}{[P_3R_e+(P_1-P_3)S_e-(1-P_3)C_y]+B} \\ P_3^* = \dfrac{D}{[P_2R_c+(P_1-P_2)S_c-(1-P_2)C_c]+D} \end{cases}$$

第四节 完全信任信息动态博弈的供应链协调决策模型

新能源汽车供应链是一个系统整体，供应链整体的协调需要内部成员的相互配合，对外部环境的变化及时做出调整，才能使整个供应链系统达到帕累托最优，使整条供应链具有较强的竞争力。然而在现实的问题中，供应链系统极易受到外界环境的影响，同时由于供应链系统成员间存在利益冲突，致使供应链系统间的竞争始终处在不确定以及有限理性空间中进行策略博弈，为了使最终的利益最大化，各个博弈的行为主体不断地进行重复博弈，这种不断重复的博弈就构成了动态博弈的模型。本节我们将运用完美信息动态博弈的知识来研究新能源汽车供应链协调决策问题。

一、基于政府、企业、消费者的动态博弈分析

通过对完全信任信息动态博弈理论的学习，本节将对新能源汽车供应链中政府、企业、消费者之间的博弈关系，运用完美且完全的动态博弈方法进行研究，通过建立动态博弈模型和模型求解，来进一步分析。

1. 动态博弈模型的假设和构建

在新能源汽车发展的过程中，由于市场不成熟、体系不健全等问题，政府凭借其职能的特殊性，在新能源汽车前期的发展过程中起主导作用，通过相关政策的制定来影响企业和消费者的行为，企业和消费者也将根据政府政策的导向来调整方向，进行决策。因此，在政府、企业、消费者的三方博弈过程中存在博弈参与人的地位不平等问题。此外，消费者作为最终产品的使用者首先也是根据企业的生产方向决定自身的购买决策，作为理性经济人，消费者倾向于

购买能使自身收益最大化的产品。因此，在新能源汽车供应链协调的问题研究中，为了简化分析做出以下假设：

假设 A：该模型的博弈顺序是政府、企业、消费者，即先由政府制定宏观产业政策，企业根据产业政策再进行生产调整，消费者再决定是否购买。

假设 B：在此博弈过程中的参与者只有政府、企业、消费者，且三者都是具有学习能力的理性参与人，最终目的都是追求经济效用最大化。

假设 C：一旦政府参与扶持、调控、监管，会对生产和购买传统汽车的企业和消费者具有识别性，对不满足政府要求的企业、消费者，政府可以采取惩罚措施。

2. 博弈过程的描述

对政府而言：政府有两种策略即扶持策略和不扶持策略。第一，扶持策略包括两种情形：一种是政府发放一定的财政资金，对生产符合新能源汽车目录车型的企业和购买符合新能源汽车目录车型的消费者进行补贴；另一种是对企业行为和消费者行为进行监督、指导，对不利于政府政策实行的行为进行限制和处罚。第二，不扶持策略，即政府不对企业和消费者采取措施，但政府作为公众利益的代表需要承担治理环境污染的成本。则设政府的策略选择集为 $X = (X_1, X_2) = $ （扶持策略，不扶持策略）。

对企业而言：两种选择的策略即生产策略和不生产策略。第一，生产策略，即开发关键技术，生产新能源汽车，由于生产新能源汽车是符合低碳环保的发展要求，有利于改善环境问题并受到政府大力推崇，所以会享受政府提供的一些补贴措施，例如研发补贴等鼓励政策。第二，不生产策略，即继续从事传统汽车的生产，但是这种情况会给环境带来污染，进而需要承担更多的社会责任，同时这和低碳经济政策的理念相悖，会受到政府的限制，也会给企业的市场销售带来挑战。则设企业的策略选择集为 $Y = (Y_1, Y_2) = $ （生产策略，不生产策略）。

对消费者而言：两种选择策略即购买策略和不购买策略。这里假设政府和企业不会干预消费者的购买选择，即消费者保留是否购买的自主选择权，但消费者需要承担实现购买行为之后的结果，即当购买符合新能源汽车补贴目录中的新能源汽车时，这种消费理念符合节能环保的要求，有利于缓解环境压力，能享受政府的补贴政策；当购买传统汽车时，由于传统车型排放的汽车尾气会造成环境污染，因此，购买者需要承担对环境污染的治理成本，受到政府的惩罚，从而增加额外的购车成本，这种行为也不利于节能环保消费理念的推行。则设消费者的策略选择集为 $Z = (Z_1, Z_2) = $ （购买策略，不购买策略）。

政府、企业、消费者三方博弈的效益函数 =（政府收益，企业效益，消费者收益）。

博弈的三个阶段：①政府扶持行为选择 X，目标是付出的扶持成本最小，获得的社会效益最大化。②企业行为选择 Y，目标是使整个利益集团效益最大化。③消费者行为选择 Z，目标是使自身效益最大化。

3. 博弈参与人的收益和成本阐述

政府扶持新能源汽车会带来良好的社会形象和环境福利的增加，因此，当企业选择生产新能源汽车和消费者选择购买新能源汽车时会受到政府的补贴（S_e，S_c），但同时会产生一定的扶持成本 C_f；企业生产传统汽车以及消费者购买传统汽车，考虑到传统汽车对环境的污染，因此，会受到政府的处罚限制（S'_e，S'_c），此外政府还需承担传统汽车消费带来的环境污染的治理成本。为了简化数据，我们假设当政府选择扶持新能源汽车，且企业选择生产新能源汽车同时消费者愿意购买新能源汽车时，政府的治理成本为 0；当企业选择生产新能源汽车而消费者选择不购买新能源汽车时，政府的治理成本为 C_{G1}；当企业选择不生产新能源汽车而消费者选择购买新能源汽车时，政府的治理成本为 C_{G2}；当企业选择不生产新能源汽车且消费者选择不购买新能源汽车时，政府的治理成本为 C_{G3}，且 $0 \leq C_{G1} \leq C_{G2} \leq C_{G3}$。

企业选择生产新能源汽车要承担生产新能源汽车过程中所付出的生产成本 C_y，同时也会获得政府补贴以及生产收益。当政府扶持且企业生产、消费者购买新能源汽车时，企业会获得额外收益 R_e，为便于分析，R_e 中包含政府的补贴 S_e，此外，若企业继续选择生产传统车型将受到政府处罚的限制 S'_e；当政府不扶持且企业生产、消费者购买新能源汽车时，企业获得的额外收益为 R'_e，假设 $R'_e = R_e - S_e$，则消费者的额外收益为 R'_c，假设 $R'_c = R_c - S_c$。注意，消费者的额外收益可以是使用新能源汽车的便利性、舒适性等带给消费者的隐性收益。

消费者的收益主要体现在购买新能源汽车时所享受到的国家补贴 S_c，以及其他的税收优惠政策，因此，当政府选择扶持且企业选择生产、消费者选择购买新能源汽车时，消费者的额外收益为 R_c，为便于分析，R_c 中包含政府的补贴 S_c。值得注意的是，这里的额外收益是指除了政府财政补贴之外的消费者能够享受到的其他收益，例如减免的车辆购置税；若消费者继续选择购买传统车型时会受到政府的惩罚限制成本 S'_c；为便于分析这里假设消费者选择购买新能源汽车时的隐性购车成本为 C_c。当政府不扶持、企业不生产、消费者不购买新能源汽车时，企业和消费者获得的收益设为 0。

政府、企业、消费者三方博弈的博弈树，如图 6-4 所示。

第六章 基于信任的新能源汽车供应链协调决策研究

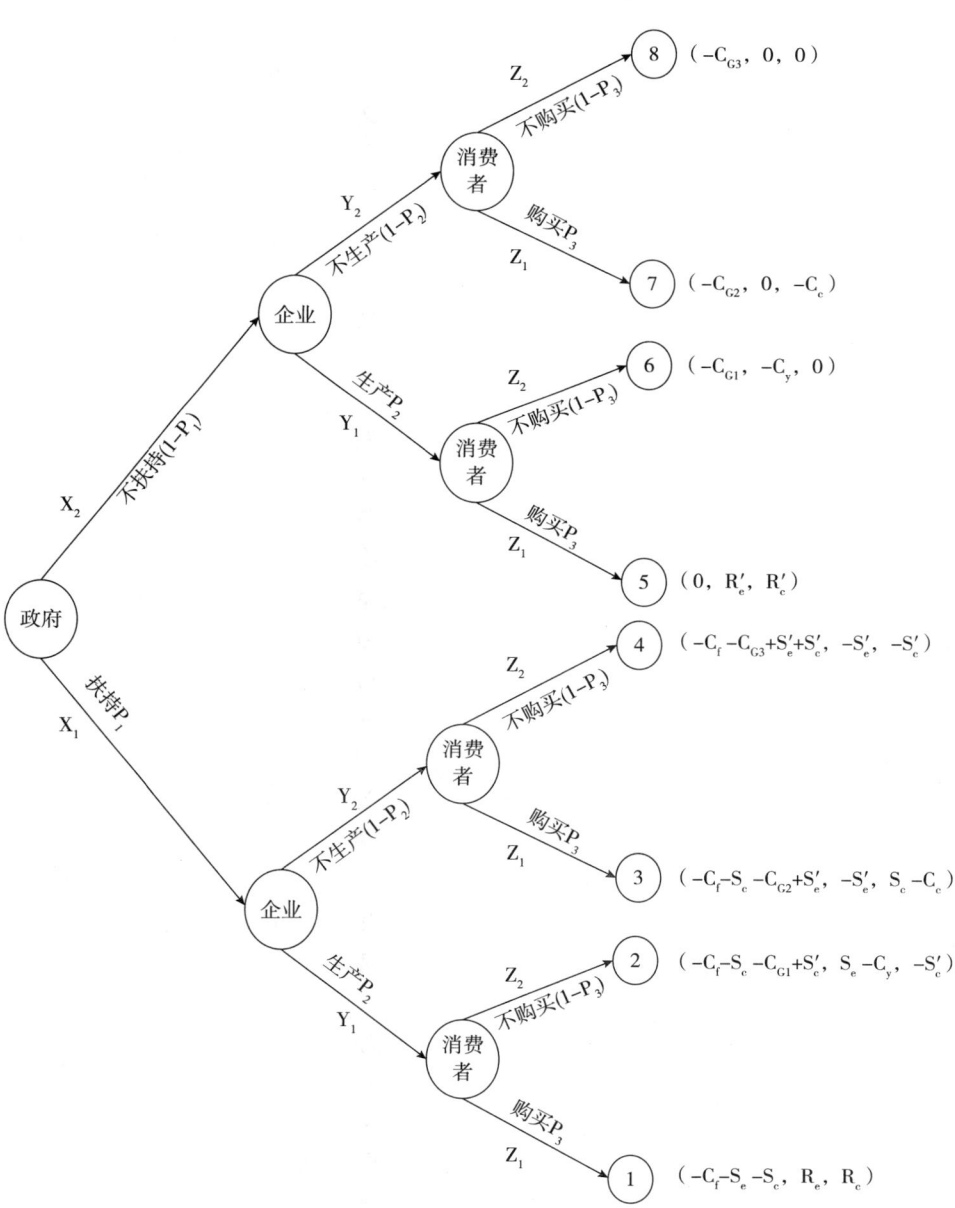

图 6-4 政府、企业、消费者三方博弈过程

二、动态博弈模型分析

根据模型假设,可以知道由政府、企业、消费者构成的动态博弈是一个三阶段的完全且完美信息的动态博弈,由于在完全且完美信息的动态博弈中存在一个策略组合,这个策略组合是原来博弈的子博弈完美纳什均衡,因此我们可以使用逆推归纳的方法来分析研究这个问题。

为了使描述更加直观,首先画出政府、企业、消费者三方博弈的博弈树形图,如图6-5所示。

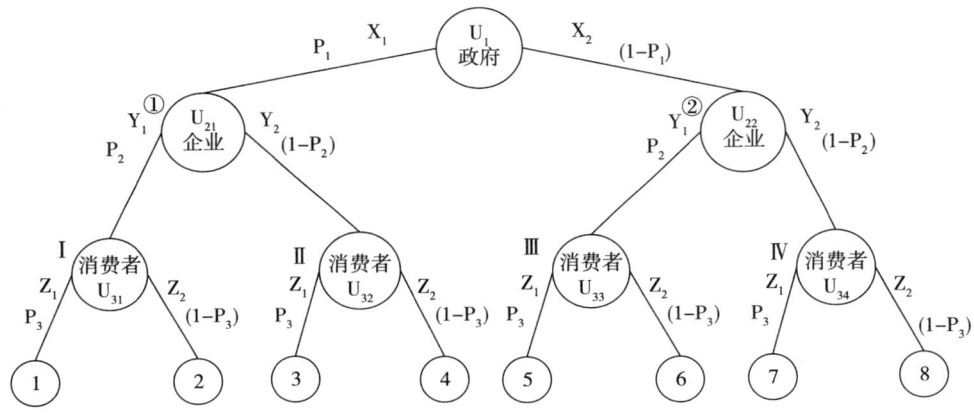

图6-5 政府、企业、消费者三方博弈过程

根据逆向归纳法求解思路,从最后一个阶段开始,每一个阶段选择最优行动,即是每一个阶段剔除劣势策略的过程,因此,在政府、企业、消费者三方博弈模型中从最低端开始进行决策,则是指从消费者的决策开始。

阶段一:消费者阶段的决策,对子博弈的分析具体如下:

子博弈 I 分析:由博弈树图6-5可以看出,消费者不同策略下在末端节点的收益分别为 R_c 和 $-S'_c$,由于 $R_c \geqslant -S'_c$,因此消费者会选择 Z_1,由此可知,$U_{31} = (-C_f - S_e - S_c, R_e, R_c)$。

子博弈 II 分析:由博弈树图6-5可以看出,消费者不同策略下在末端节点的收益分别为 $(S_c - C_c)$ 和 $(-S'_c)$,为比较方便,令 $\Delta L = S_c - C_c - S'_c$,当政府对消费者购买传统汽车的处罚力度较大时,会使 $\Delta L \geqslant 0$,此时消费者会选择策略 Z_1 购买新能源汽车,消费者获得的收益 $U_{32} = (-C_f - S_e - C_{G2} + S'_e, -S'_e, S_c - C_c)$;当政府的补贴力度较小,而消费者购买新能源汽车的成本较大时(这里假设政府对购买传统汽车的处罚小于购买新能源汽车的成本),会使 $\Delta L \leq 0$,此时消费者会选择策略 Z_2 购买传统汽车,消费者获得的收益 U_{32} = ($-C_f - C_{G3} + S_e' + S_c'$, $-S_e'$, $-S_c'$)。

子博弈Ⅲ分析:由博弈树图 6-4 可以看出,消费者不同策略下在末端节点的收益分别为 R_c' 和 0,由于 $R_c' \geq 0$,所以消费者会选择策略 Z_1,购买新能源汽车,消费者获得的收益 U_{33} = (0, R_e', R_c')。

子博弈Ⅳ分析:由博弈树图 6-5 可以看出,消费者不同策略下在末端节点的收益分别为 $-C_c$ 和 0,由于 $-C_c \leq 0$,所以消费者会选择策略 Z_2,购买传统汽车,消费者获得的收益 U_{34} = ($-C_{G3}$, 0, 0)。

通过对消费者的决策分析之后,接下来开始对企业进行决策分析。

阶段二:企业阶段的决策分析,对子博弈的分析具体如下:

子博弈①分析:企业作为理性经济人,根据自身收益最大化的原则,因此,不管 ΔL 是否大于或小于 0(即不管消费者如何决策),企业都会选择策略 Y_1(选择生产新能源汽车),因为,此时企业的收益在 R_e,$S_e - C_y$,$-S_e'$,$-S_e'$ 当中,当收益为 R_e 时,企业的收益是最大的,由此可得企业收益 U_{21} = ($-C_f - S_e - S_c$, R_e, R_c)。

子博弈②分析:由博弈树图 6-4 可知,R_e' 是当政府不扶持新能源企业,企业自行生产新能源汽车消费者购买所获得的额外收益,企业不生产新能源汽车时获得收益为 0(即政府不扶持,企业不生产也就没有新能源汽车的相关收益),为了便于比较在政府不扶持的情况下企业生产新能源汽车与不生产新能源汽车的收益差会对企业决策带来的影响,令 $\Delta M = R_e' - 0 = R_e'$,$\Delta M$ 即为企业生产新能源汽车与不生产新能源汽车的收益差。当 $\Delta M \geq 0$ 时,则说明企业会选择生产新能源汽车,因为生产新能源汽车会给企业带来额外收益,使企业能够获得比不生产新能源汽车时更多的利益,作为理性经济人,企业会选择 Y_1 策略,此时企业获得的收益为 U_{22} = (0, R_e', R_c')。当 $\Delta M \leq 0$ 时,则说明企业会选择不生产新能源汽车,因为生产新能源汽车会给企业带来较大的风险性和不确定性,加上没有政府的财政扶持补贴,新能源汽车作为新兴的产品,产品市场还不够成熟,产品研发周期长等,为了规避风险,企业会倾向于继续从事传统可盈利的汽车生产,因此,企业会选择 Y_2 策略,企业获得的收益为 U_{22} = ($-C_{G3}$, 0, 0)。

对企业的决策分析之后,最后阶段需要对政府的决策进行分析。

阶段三:政府阶段的决策分析,对子博弈的分析具体如下:

运用逆向归纳法从最后阶段进行倒推分析,剔除劣势策略,因此可知政府的决策分析受企业决策分析的影响,通过对企业子博弈②分析后我们知道企业的决策受 ΔM 的影响,因此对政府决策分析我们需要考虑不同的情况。

情形1：当 $\Delta M \geqslant 0$ 时，则企业会选择生产新能源汽车 Y_1 策略，此时企业获得的收益为 $U_{22} = (0, R'_e, R'_c)$，因此政府会选择不扶持的策略 X_2，政府获得的收益 $U_1 = (0, R'_e, R'_c)$。

情形2：当 $\Delta M < 0$ 时，则企业会选择不生产新能源汽车 Y_2 策略，企业获得的收益为 $U_{22} = (-C_{G3}, 0, 0)$，而政府会根据传统汽车的消费带来的环境污染等负面问题的环境处理成本 $-C_{G3}$ 的大小来进行考量从而做出政府决策。为了便于比较分析，对环境处理成本 $(-C_{G3})$ 和 $(-C_f-S_e-S_c)$ 大小比较，分以下情况处理：

情况1：若 $(-C_f-S_e-S_c) > (-C_{G3})$ 时，说明政府推行能源汽车所付出的努力和消耗的成本要比单纯的治理传统汽车带来的环境污染成本要高，这也是新能源汽车未推广前政府所采取的措施，由于之前经济及生产力水平等因素，居民对汽车的需求量不高，因此，传统的汽车消耗给环境带来的负面影响较小，没有发生重大的环境灾难等，因此在这种情况下，政府会选择不扶持新能源汽车的策略 X_2（即不对企业和消费者进行扶持调控），此时企业和消费者也不会选择生产和购买新能源汽车，政府的收益为 $U_1 = (-C_{G3}, 0, 0)$。

情况2：若 $(-C_f-S_e-S_c) < (-C_{G3})$ 时，说明政府对新能源汽车的扶持成本和所做的努力小于因传统汽车消费带来的政府治理环境污染的成本，同时说明随着生活水平的提高，对传统汽车的快速需求而导致的环境污染和资源匮乏等问题日益加重，需要政府采取宏观调整措施去干预，促进新产品的研发，履行政府职能，实现环境和经济的友好发展，保证公共利益不受损失，对新能源汽车的扶持，有利于缓解环境和资源匮乏等问题，同时又可促进经济的友好发展，且政府的扶持成本又小于环境的治理成本，因此政府会选择扶持新能源汽车的策略 X_1（即对企业和消费者进行扶持调控），在这种利好的政策优惠和发展机遇面前，企业和消费者也倾向于研发生产和购买使用新能源汽车，此时政府的收益为 $U_1 = (-C_f-S_e-S_c, R_e, R_c)$。

情况3：若 $(-C_f-S_e-S_c) = (-C_{G3})$ 时，这是一种临界状态即政府扶持与环境治理的成本相同，在这种情况下，不管政府如何选择，对自身的效益都没有影响，政府的收益 $U_1 = (-C_{G3}, 0, 0)$。

三、基于动态博弈的激励协调机制设计

通过运用逆向归纳法，对政府、企业、消费者可选的决策进行了剔除，下面将根据博弈模型，对不同决策情况下的博弈均衡解进行求解分析，继而设计出相应的协调机制。

由子博弈②可知,企业的决策受 ΔM 的影响,因此针对 ΔM 的变化做如下分析:

当且仅当 $\Delta M \geq 0$ 时,企业会选择生产新能源汽车 Y_1 策略,此时企业获得的收益为 $U_{22} = (0, R'_e, R'_c)$,由于此时 $(-C_f-S_e-S_c)<0$,因此政府选择不扶持的策略 X_2,政府获得的收益 $U_1 = (0, R'_e, R'_c)$,这种博弈结果是符合实际情况的,因为在这种情况下政府不需要付出扶持成本,而企业和消费者能够自觉研发生产和购买新能源汽车,这可以缓解环境污染和能源短缺等问题,促进经济的可持续发展,这是政府愿意并希望看到的情形,同时也需要企业和消费者具有较强的环保理念和消费意识。

由于 $(-C_f-S_e-S_c)$ 是由政府控制的参数,所以,当 $\Delta M<0$ 且 $(-C_f-S_e-S_c)<(-C_{G3})$ 时,这种条件是可以实现的,政府可以通过对控制参数的调节来满足该条件,因此可以得出企业的收益函数 $E(B)$:

$$E(B) = P_1[P_2 \times R_e + (1-P_2)(-S'_e)] + (1-P_1)[P_2 \times R'_e + (1-P_2) \times 0]$$
$$= P_2[P_1 R_e + (1-P_1) R'_e] + (1-P_2) P_1(-S'_e)$$

对企业的收益函数 $E(B)$ 关于 P_2 求偏导可得:

$$dE(B)/P_2 = P_1 R_e + (1-P_1) R'_e - P_1(-S'_e)$$

令 $dE(B)/P_2 = 0$,则可得:

$$P_1^* = \frac{R'_e}{S_e + S'_e}$$

对 P_1^* 进行分析,当 $P_1 = P_1^*$ 时,P_2 发生变化将不会影响企业的收益情况,但是为了保持企业对新能源汽车研发生产的动力,进一步缓解环境污染和能源短缺问题,实现经济的绿色发展目标,政府应提高扶持的概率使 $P_1 > P_1^*$,此时 $P_2 = 1$,即企业会选择研发生产新能源汽车的策略。

设消费者的收益函数为 $E(C)$,由政府、企业、消费者三方博弈的博弈树可知消费者的收益函数 $E(C)$:

$$E(C) = P_2 \times \max\{P_3 \times R_c + (1-P_3) \times (-S'_c) P_3 \times R'_c + (1-P_3) \times 0\} +$$
$$(1-P_2) \times \max\{P_3 \times (S_c - C_c) + (1-P_3) \times (-S'_c) P_3 \times (-C_c) + (1-P_3) \times 0\}$$
$$= P_2 \times \max\{P_3 \times R_c + (1-P_3) \times (-S'_c) P_3 \times R'_c\} +$$
$$(1-P_2) \times \max\{P_3 \times (S_c - C_c) + (1-P_3) \times (-S'_c) P_3 \times (-C_c)\}$$

通过对消费者的收益函数 $E(C)$ 的分析可以得出:

当 $0 \leq P_3 \leq \dfrac{S'_c}{S'_c - S_c}$ 时,$P_3 \times R_c + (1-P_3) \times (-S'_c) \geq P_3 \times R'_c$

当 $P_3 \geq \dfrac{S'_c}{S'_c + S_c}$ 时,$P_3 \times (S_c - C_c) + (1-P_3) \times (-S'_c) \geq P_3 \times (-C_c)$

因此可以得出：

（1）当 $P_3=0$ 时，即消费者选择不购买新能源汽车，此时 $E(C)=(-S'_c)$。因此，政府需要提高对传统汽车生产和购买行为的惩罚力度来促使企业和消费者选择生产和购买新能源汽车。

（2）当 $0 \leqslant P_3 \leqslant \dfrac{S'_c}{S'_c - S_c}$ 时，$P_3 \times R_c + (1-P_3) \times (-S'_c) \geqslant P_3 \times R'_c$ 且 $P_3 \times (S_c - C_c) + (1-P_3) \times (-S'_c) < P_3 \times (-C_c)$，则可得收益函数 $E(C)$：

$$E(C) = P_2[P_3 \times R_c + (1-P_3) \times (-S'_c)] + (1-P_2)[P_3 \times (-C_c)]$$
$$= P_3[P_2 \times R_c + (1-P_2)(-C_c)] + (1-P_3)P_2(-S'_c),$$

令 $dE(C)/P_3 = 0$，则可得：

$$P_2^* = \frac{C_c - S_c - S'_c}{C_c + R_c - S_c}$$

因此，为了使消费者选择购买，企业选择研发新能源汽车的概率 P_2 应满足 $P_2 > P_2^*$，这时消费者的最优决策就是购买新能源汽车，即 $P_3^* = 1$，但是这与 $0 < P_3 < S'_c/(S'_c + S_c)$ 相矛盾，故这种情况不存在。

（3）当 $\dfrac{S'_c}{S'_c + S_c} \leqslant P_3 \leqslant 1$ 时，$P_3 \times R_c + (1-P_3) \times (-S'_c) > P_3 \times R'_c$ 且 $P_3 \times (S_c - C_c) + (1-P_3) \times (-S'_c) \geqslant P_3 \times (-C_c)$，则可得收益函数 $E(C)$：

$$E(C) = P_2[P_3 \times R_c + (1-P_3) \times (-S'_c)] + (1-P_2)[P_3 \times (S_c - C_c) + (1-P_3) \times (-S'_c)]$$
$$= P_3[P_2 \times R_c + (1-P_2)(S_c - C_c)] + (1-P_3)(-S'_c)$$

令 $dE(C)/P_3 = 0$，则可得：

$$P_2^* = \frac{C_c - S_c - S'_c}{C_c + R_c - S_c}$$

因此，为了使消费者选择购买，企业选择研发新能源汽车的概率 P_2 应满足 $P_2 > P_2^*$，这时消费者的最优决策就是选择购买，即 $P_3^* = 1$，成立。

（4）当 $P_3 > \dfrac{S'_c}{S'_c + S_c} > 1$ 时，$P_3 \times R_c + (1-P_3) \times (-S'_c) < P_3 \times R'_c$，且 $P_3 \times (S_c - C_c) + (1-P_3) \times (-S'_c) > P_3 \times (-C_c)$，则可得收益函数 $E(C)$：

$$E(C) = P_2[P_3 \times (S_c - C_c) + (1-P_3) \times (-S'_c)] + (1-P_2)[P_3 \times (S_c - C_c) + (1-P_3) \times (-S'_c)]$$
$$= P_3(S_c - C_c) + (1-P_3)(-S'_c)$$

令 $dE(C)/P_3 = 0$，则可得：

$$S_c = C_c（P_2 \text{为自由变量}） \quad (6-1)$$

通过式（6-1）可以看出，在政府扶持时给消费者的扶持补贴与不扶持时消费者自主购买新能源汽车的成本相同情况下，不管企业如何决策，消费者都会选择购买，因此在新能源汽车的发展过程中政府的作用至关重要，政府的扶持补贴以及奖惩措施关系着新能源汽车是否能够在市场中推广。通过以上分析可以得出企业选择研发生产新能源汽车的最优概率 P_2^* 为：

$$P_2^* = \frac{C_c - S_c}{C_c + R_c - S_c + S_c'} \quad (\frac{S_c'}{S_c' + S_c} \leq P_3 \leq 1)$$

因此，当 $P_2 = P_2^*$ 时，P_3 的变化将不会影响企业的收益情况。但是企业为了使自身的利益最大化，企业选择研发生产新能源汽车时的概率应该满足 $P_2 > P_2^*$，这时可以促进消费者选择购买新能源汽车，消费者的最优策略为选择购买，即 $P_3 = 1$。

综上所述，基于完全且完美的动态博弈政府、企业、消费者三方博弈的最优策略为：

$$P_1^* > \frac{-R_e'}{S_e + S_e'}; \quad P_2^* > \frac{C_c - S_e - S_c'}{C_c + R_c - S_c}; \quad P_3^* = 1$$

第五节　广西新能源汽车供应链协调决策应用分析

一、案例介绍——广西东风柳州汽车有限公司

柳州是广西汽车产业的聚集地。2017 年，柳州汽车产量达到 253.5 万辆，占全国比重的 8.7%。柳州集聚着东风柳州汽车有限公司、上海通用汽车有限公司、中国第一汽车集团有限公司、中国重型汽车集团有限公司四大汽车企业，是国家汽车零部件和精准部件生产基地，国家汽车质量监督检验中心，被列为全国七大汽车产业示范基地之一。随着节能环保政策的实行，依托雄厚的制造业基础，广西紧跟时代步伐，大力发展新能源汽车产业。此外，新能源汽车的发展更承载着柳州产业结构调整、经济快速发展的希望。

目前，柳州已推出新能源轿车、商务车、宝骏 E100、东风景逸 S50 EV、东风风行菱智 M5 EV 等车型，拥有上汽通用五菱宝骏汽车生产基地，东风柳汽新

能源研发实验基地等。柳州已形成众多新能源产业、整车制造产业、汽车电子产业、新能源配套生产商等众多厂商构成的产业集群，连续推出了新能源轿车、商务车、公交车、客车、旅游观光车、物流用车等。截至2017年，仅在柳州就有5家企业获得了新能源汽车生产资质牌照，分别为上汽通用五菱新能源乘用车、广西汽车集团新能源专用车、柳州延龙汽车新能源专用车、东风柳汽新能源乘用车和商用车。

在众多新能源汽车企业当中，东风柳州汽车有限公司（以下简称"东风柳汽"）的发展较为突出，作为柳州汽车产业巨头，当前在新能源汽车产业方面发展迅猛。东风柳汽于"九五期间"开始新能源汽车的研发，1999年研发出国内第一台纯电动轿车，2001年建立国内第一家电动车公司、生产出第一台燃料电池中巴。东风柳汽致力于自主品牌的研发创新，紧密洞悉市场消费趋势，在依托传统紧凑型轿车景逸S50的基础上，打造了东风柳汽自主研发的首款电动车——景逸S50 EV。景逸S50 EV纯电动轿车动力源采用三元锂电池，有四种充电模式，续航里程达255千米，此外，其自主研发的风行菱智M5 EV也是纯电动MPV的代表，搭载东风柳汽自主研发的前置后驱纯电动驱动系统，采用三元锂电池组，综合续航里程超过200千米，拥有快慢两种充电模式，快充两小时内就可充电完成。截至2017年10月，东风柳汽新能源乘用车累计销售1438辆，537辆为景逸S50 EV，901辆为菱智M5 EV。坚持"新能源化、智联网化、年轻化、电动化"是未来汽车发展的方向，东风柳汽在2017年上海车展中，向外推出了东风风神E70、东风风神AX5 EV、东风风行景逸S50 EV、东风风行菱智M5 EV、东风风神AX7 PHEV五款绿色环保的新能源汽车车型。东风风神E70凭借其完全自主研发的驱动电机、电机控制器及整车控制系统，配备高密度大容量电池，处于国内领先水平，最大续航里程可达400~450千米；东风风神AX5 EV作为东风风神首款纯电动紧凑型SUV，采用东风自主研发的第三代纯电动动力模块，续航里程为270千米，可实现两小时充电完成；风行景逸S50 EV、风神AX7 PHEV两款新能源车的各项性能指标已达到国际纯电动汽车技术水平；以目前上市情况来看，景逸S50 EV、菱智M5 EV发展情况较好。

为打造"品位、品格、品质、品牌"的发展理念，遵循"人、车、自然、社会"和谐发展的行为准则，东风柳汽加紧新能源汽车的研发，其研发的首款新能源纯电动轻卡乘龙L2EV也即将上市，东风柳汽当时的规划目标是预计2018年销售11000辆新能源汽车，并计划推出S50和S500纯电动车，加紧研发混合动力车型。截至目前，东风柳汽新能源汽车申请相关专利达370余项，近百个车型进入国家节能与新能源汽车推荐目录。东风柳汽对新能源汽车的研发已形成从零部件设计、动力总成、整车制造的一体化生产体系，并形成了"产+学+

研"相结合的新能源技术开发模式。因此,本章以东风柳汽作为研究的代表,以期通过对其研究为广西新能源汽车供应链协调决策提供更加实际的建议和对策。

二、政府补贴在供应链协调决策中的应用

随着国家优惠政策的扶持和补贴,新能源汽车产业快速发展。2017年,据官方统计数据显示,广西柳州上汽通用五菱和东风柳汽两家企业生产的新能源汽车销量就超过了1.2万辆,其中90%是应用于个人消费。此外统计数据还显示,自上市以来至2017年10月,东风柳汽新能源乘用车累计销售量1438辆,其中,537辆为景逸S50 EV,901辆为菱智M5 EV。

面临如此机遇,大批量汽车制造企业正集中力量加入新能源汽车行列。然而,在供应链运作的实际决策过程中,供应链节点上的企业、政府、消费者面临的是采取分散决策还是集中决策的抉择。决策的方式左右着各行为主体在实际供应链运作过程中所获利润的大小。因此作为供应链上的各行为主体处在不断的博弈当中,是否能实现自身利益最大化是博弈的关键。下面就以广西东风柳汽为供应链当中的生产商来研究在不同决策方式下政府补贴对新能源汽车供应链协调的整体影响。

1. 问题描述

为明确在新能源汽车供应链环节上,政府扶持补贴对象的利益分配情况,这里引入生产商、零售商、消费者三个行为主体,三者动态博弈决策情况如下:

生产商决策=(生产新能源汽车,生产传统汽车)

零售商决策=(销售新能源汽车,销售传统汽车)

消费者决策=(购买新能源汽车,购买传统汽车)

在实际的供应链运作当中,生产商和零售商存在着竞争和合作的制约,为了使自身利益最大化,双方的决策会相互影响,可以采取的决策有集中决策和分散决策。集中决策即为了使整体利益最大化而达成合作;分散决策即只注重自身利益而存在竞争和利益冲突。而消费者也面临是否购买的决策进而对生产商和零售商的行为产生影响。在政府扶持的情况下,政府的补贴可以降低生产商和零售商以及消费者的生产成本、经营成本、购买成本,可以进一步推动新能源汽车的发展,并使能源效益得到提升。因此,如何决策使整个供应链不同利益主体利益最大化是供应链协调决策的关键。不同决策情况下的参数描述如表6-3所示。

表6-3　不同决策的参数描述

P：新能源汽车售价	C_m：生产商生产新能源汽车的生产成本
K：新能源汽车的需求价格敏感系数	C_r：零售商销售新能源汽车的销售成本
Q：新能源汽车的市场需求	W：新能源汽车的批发价格
D：汽车市场规模	S：政府对新能源汽车的补贴
β：新能源汽车的市场占有率	θ：政府补贴带来的需求增加或成本减少的倍数

为了研究方便，在不同的决策方式下，本章假设如下：

假设1：政府的补贴对象分别为供应链上的生产商、零售商、消费者。

假设2：遵循市场经济规律，即价格与需求呈负相关关系。

假设3：在政府补贴的情况下，补贴与市场需求量呈正相关关系。

假设4：市场需求公式设为：Q=βD+θS−KP。

2. 分散决策下政府补贴的影响

在分散决策下根据政府补贴对象的不同，分以下三种情况：

（1）政府补贴对象——生产商。当政府的补贴对象为生产商时，可以降低生产商的研发成本、风险成本、制造成本，提高生产商对新能源汽车的研发积极性和主动性，进而增加投入市场的产量。生产商、零售商、消费者，以及供应链整体的利润函数分别为：F_m^{11}、F_r^{11}、F_c^{11}、F^{11}，利润函数具体如下：

生产商利润函数为：

$$F_m^{11} = (W-C_m+S) \times Q$$

零售商利润函数为：

$$F_r^{11} = (P-W-C_r) \times Q$$

消费者利润函数为：

$$F_c^{11} = (P-P^0) \times Q$$

供应链整体利润为：

$$F^{11} = F_m^{11} + F_r^{11} + F_c^{11}$$

针对销售价格P、批发价格W的求解，我们这里采用逆向求解的方法，由消费者利润倒推求出销售价格和批发价格，进而得出各行为主体的利润。因为消费者的单位收益取决于政府补贴前后的价格之差，即取决于（P−P⁰）的大小。所以要对销售价格P进行求解，我们令零售商利润最大，对其利润函数的参数P进行求导，可得：

$$dF_r^{11}/dP = -2KP+\beta D+\theta S+WK+C_r K$$

令 $dF_r^{11}/dP=0$,整理得:

$$P^1 = \frac{\beta D+\theta S+WK+C_r K}{2K}$$

将 P^1 代入生产商利润函数中,并对其利润函数中的参数 W 求导,可得:

$$dF_m^{11}/dW = \frac{C_m K-KS+\beta D+\theta S-C_r k}{2}-KW$$

令 $dF_m^{11}/dW=0$,整理得:

$$W^{11}=\frac{C_m-S-C_r}{2}+\frac{\beta D+\theta S}{2K}$$

将 W^{11} 代入 P^1 公式中可得:

$$P^{11}=\frac{3\beta D+3\theta S}{4K}+\frac{C_m-S+C_r}{4}$$

将 P^{11} 代入 $Q=\beta D+\theta S-KP$ 公式中可得:

$$Q^{11}=\frac{\beta D+\theta S-KC_m-KC_r+KS}{4}$$

将 P^{11}、Q^{11} 代入 F_m^{11}、F_r^{11}、F^{11} 可得:

$$F_m^{11}=\frac{\beta D+\theta S+KS-KC_r-KC_m}{2K}\times\frac{\beta D+\theta S-KC_m-KC_r+KS}{4}$$

$$F_r^{11}=\frac{\beta D+\theta S+KS-KC_r-KC_m}{4K}\times\frac{\beta D+\theta S-KC_m-KC_r+KS}{4}$$

令 $P=P^0=P^{11}$,则可得 $F_c^{11}=0$,则 F^{11}:

$$F^{11}=(\frac{3\beta D+3\theta S+3KS-3KC_m-3KC_r}{4K})\times(\frac{\beta D+\theta S-KC_m-KC_r+KS}{4})$$

(2)政府补贴对象——零售商。当政府的补贴对象为零售商时,可以降低零售商的销售成本,提高零售商对新能源汽车的销售积极性和主动性,进而增加销售数量,促进新能源汽车产业的发展。生产商、零售商、消费者,以及供应链整体的利润函数分别为:F_m^{12}、F_r^{12}、F_c^{12}、F^{12},利润函数具体如下:

生产商利润函数为:

$$F_m^{12}=(W-C_m)\times Q$$

零售商利润函数为:

$$F_r^{12} = (P-W-C_r+S) \times Q$$

消费者利润函数为：

$$F_c^{12} = (P-P^0) \times Q$$

供应链整体利润为：

$$F^{12} = F_m^{12} + F_r^{12} + F_c^{12}$$

针对销售价格 P、批发价格 W 的求解仍采用逆向求解的方法，令零售商利润最大，对其利润函数的参数 P 进行求导，可得：

$$dF_r^{12}/dP = -2KP + \beta D + \theta S + WK + C_r K - KS$$

令 $dF_r^{12}/dP = 0$，整理得：

$$P^2 = \frac{\beta D + \theta S + KW + KC_r - KS}{2K}$$

将 P^2 代入生产商利润函数中，并对其利润函数中的参数 W 求导，可得：

$$dF_m^{12}/dW = \frac{C_m K + KS + \beta D + \theta S - C_r k}{2} - KW$$

令 $dF_m^{12}/dW = 0$，整理得：

$$W^{12} = \frac{C_m + S - C_r}{2} + \frac{\beta D + \theta S}{2K}$$

将 W^{12} 代入 P^2 的公式中可得：

$$P^{12} = \frac{3\beta D + 3\theta S}{4K} + \frac{C_m - S + C_r}{4}$$

将 P^{12} 代入 $Q = \beta D + \theta S - KP$ 的公式中可得：

$$Q^{12} = \frac{\beta D + \theta S - KC_m - KC_r + KS}{4}$$

由此可得：

$$F_m^{12} = \frac{\beta D + \theta S + KS - KC_r - KC_m}{2K} \times \frac{\beta D + \theta S - KC_m - KC_r + KS}{4}$$

$$F_r^{12} = \frac{\beta D + \theta S + KS - KC_r - KC_m}{4K} \times \frac{\beta D + \theta S - KC_m - KC_r + KS}{4}$$

令 $P = P^0 = P^{12}$，则可得 $F_c^{12} = 0$，则：

$$F^{12} = \left(\frac{3\beta D+3\theta S+3KS-3KC_r-3KC_m}{4K}\right) \times \left(\frac{\beta D+\theta S-KC_m-KC_r+KS}{4}\right)$$

（3）政府补贴对象——消费者。当政府的补贴对象为消费者时，可以降低消费者购买和使用新能源汽车的成本，提高消费者对新能源汽车的购买和使用的积极性和主动性，进而增加市场需求量，推动新能源汽车产业的发展。生产商、零售商、消费者，以及供应链整体的利润函数分别为：F_m^{13}、F_r^{13}、F_c^{13}、F^{13}，利润函数具体如下：

生产商利润函数为：

$F_m^{13} = (W-C_m) \times Q$

零售商利润函数为：

$F_r^{13} = (P-W-C_r) \times Q$

消费者利润函数为：

$F_c^{13} = (P-P^0+S) \times Q$

供应链整体利润为：

$F^{13} = F_m^{13}+F_r^{13}+F_c^{13}$

针对销售价格 P、批发价格 W 的求解仍采用逆向求解的方法，令零售商利润最大，对其利润函数的参数 P 进行求导，可得：

$dF_r^{13}/dP = -2KP+\beta D+\theta S+KW+KC_r$

令 $dF_r^{13}/dP = 0$，整理得：

$$P^3 = \frac{\beta D+\theta S+KW+KC_r}{2K}$$

将 P^3 代入生产商利润函数中，并对其利润函数中的参数 W 求导，可得：

$$dF_m^{13}/dW = \frac{C_m K+\beta D+\theta S-KC_r}{2}-KW$$

令 $dF_m^{13}/dW = 0$，整理得：

$$W^{13} = \frac{C_m-C_r}{2}+\frac{\beta D+\theta S}{2K}$$

将 W^{13} 代入 P^3 的公式中可得：

$$P^{13} = \frac{3\beta D+3\theta S}{4K}+\frac{C_m+C_r}{4}$$

将 P^{13} 代入 $Q=\beta D+\theta S-KP$ 的公式中可得：

$$Q^{13}=\frac{\beta D+\theta S-KC_m-KC_r}{4}$$

由此可得：

$$F_m^{13}=\frac{\beta D+\theta S-KC_m-KC_r}{2K}\times\frac{\beta D+\theta S-KC_m-KC_r}{4}$$

$$F_r^{13}=\frac{\beta D+\theta S+3KC_r-KC_m}{4K}\times\frac{\beta D+\theta S-KC_m-KC_r}{4}$$

$$F_c^{13}=S\times(\frac{\beta D+\theta S-KC_m-KC_r}{4})$$

$$F^{13}=\frac{3\beta D+3\theta S-3KC_m+KC_r+4KS}{4K}\times\frac{\beta D+\theta S-KC_m-KC_r}{4}$$

3. 集中决策下政府补贴的影响

在供应链的实际运作当中，由于供应链的各个节点企业为了达到整体收益最大化，通常采取协商合作的方式进行集中决策，以期望通过合作共赢实现供应链整体的帕累托最优，使生产、供应、销售、购买达到平衡，从而降低生产、销售、运输、购买等过程中不必要的成本浪费，实现供应链利润最大化。在采取集中决策时，生产商、零售商，以及消费者的利润函数不会发生改变，但是在求解销售价格 P 时，需要对供应链整体的利润进行考虑，从而求出当供应链利润最大时，销售价格 P 的大小，然后根据 Shapley 值法对集中决策下供应链整体的利润进行分配，从而求出批发价 W 的大小。集中决策下根据政府补贴分配对象的不同，分以下三种情况：

（1）政府补贴对象——生产商。当政府的补贴对象为生产商时，生产商、零售商、消费者，以及供应链整体的利润函数分别为：F_m^{21}、F_r^{21}、F_c^{21}、F^{21}，利润函数具体如下：

生产商利润函数为：

$$F_m^{21}=(W-C_m+S)\times Q$$

零售商利润函数为：

$$F_r^{21}=(P-W-C_r)\times Q$$

消费者利润函数为：

$$F_c^{21}=(P-P^0)\times Q$$

供应链整体利润为：

$$F^{21} = F_m^{21} + F_r^{21} + F_c^{21}$$

即可得：

$$F^{21} = (W-C_m+S+P-W-C_r+P-P^0) \times (\beta D+\theta S-KP)$$

对销售价格 P 进行求解时，需要考虑 F^{21} 的大小。当 F^{21} 最大时，对其利润函数的销售价格 P 求导，可得：

$$dF^{21}/dP = -4KP+2\beta D+2\theta S-SK+KC_r+KC_m+KP^0$$

令 $dF^{21}/dP = 0$，整理得：

$$P^* = \frac{\beta D+\theta S}{2K} + \frac{C_m+C_r+P^0-S}{4}$$

令 $P^* = P^0$，整理得：

$$P^{21} = \frac{2\beta D+2\theta S}{3K} + \frac{C_m+C_r-S}{3}$$

将 P^{21} 代入 $Q = \beta D+\theta S-KP$ 中可得：

$$Q^{21} = \frac{\beta D+\theta S}{3} - \frac{KC_m+KC_r-KS}{3}$$

将 P^{21}、Q^{21} 代入 F_m^{21}、F_r^{21}、F_c^{21} 中可得：

$$F_m^{21} = (W-C_m+S) \times (\frac{\beta D+\theta S}{3} - \frac{KC_m+KC_r-KS}{3})$$

$$F_r^{21} = (\frac{2\beta D+2\theta S}{3K} + \frac{C_m-2C_r-3W-S}{3}) \times (\frac{\beta D+\theta S}{3} - \frac{KC_m+KC_r-KS}{3})$$

由于 $P^* = P^0$，则可得 $F_c^{21} = 0$，放下 F^{21} 为：

$$F^{21} = (\frac{2\beta D+2\theta S}{3K} + \frac{2S-2C_m-2C_r}{3}) \times (\frac{\beta D+\theta S}{3} - \frac{KC_m+KC_r-KS}{3})$$

（2）政府补贴对象——零售商。当政府的补贴对象为零售商时，生产商、零售商、消费者，以及供应链整体的利润函数分别为：F_m^{22}、F_r^{22}、F_c^{22}、F^{22}，利润函数具体如下：

生产商利润函数为：

$$F_m^{22} = (W-C_m) \times Q$$

零售商利润函数为：
$$F_r^{22} = (P-W-C_r+S) \times Q$$
消费者利润函数为：
$$F_c^{22} = (P-P^0) \times Q$$
供应链整体利润为：
$$F^{22} = F_m^{22}+F_r^{22}+F_c^{22}$$
即可得：
$$F^{22} = (W-C_m+P-W-C_r+S+P-P^0) \times (\beta D+\theta S-KP)$$

对销售价格 P 进行求解时，需要考虑 F^{22} 的大小。当 F^{22} 最大时，对其利润函数的销售价格 P 求导，可得：
$$dF^{22}/dP = -4KP+2\beta D+2\theta S-SK+KC_r+KC_m+KP^0$$
令 $dF^{22}/dP = 0$，整理得：
$$P^* = \frac{\beta D+\theta S}{2K}+\frac{C_m+C_r+P^0-S}{4}$$
令 $P^* = P^0$，整理得：
$$P^{22} = \frac{2\beta D+2\theta S}{3K}+\frac{C_m+C_r-S}{3}$$
将 P^{22} 代入 $Q = \beta D+\theta S-KP$ 中可得：
$$Q^{22} = \frac{\beta D+\theta S}{3}-\frac{KC_m+KC_r-KS}{3}$$
将 P^{22}、Q^{22} 代入 F_m^{22}、F_r^{22}、F_c^{22} 中可得：
$$F_m^{22} = (W-C_m) \times (\frac{\beta D+\theta S}{3}-\frac{KC_m+KC_r-KS}{3})$$
$$F_r^{22} = (\frac{2\beta D+2\theta S}{3K}+\frac{C_m-2C_r-3W+2S}{3}) \times (\frac{\beta D+\theta S}{3}-\frac{KC_m+KC_r-KS}{3})$$
由于 $P^* = P^0$，则可得 $F_c^{22}=0$，故：
$$F^{22} = (\frac{2\beta D+2\theta S}{3K}+\frac{2S-2C_m-2C_r}{3}) \times (\frac{\beta D+\theta S}{3}-\frac{KC_m+KC_r-KS}{3})$$

（3）政府补贴对象——消费者。当政府的补贴对象为消费者时，生产商、零售商、消费者，以及供应链整体的利润函数分别为：F_m^{23}、F_r^{23}、F_c^{23}、F^{23}，利润函数具体如下：

生产商利润函数为：
$$F_m^{23} = (W-C_m) \times Q$$

零售商利润函数为：

$F_r^{23} = (P-W-C_r) \times Q$

消费者利润函数为：

$F_c^{23} = (P-P^0+S) \times Q$

供应链整体利润为：

$F^{23} = F_m^{23} + F_r^{23} + F_c^{23}$

即可得：

$F^{23} = (W-C_m+P-W-C_r+P-P^0+S) \times (\beta D+\theta S-KP)$

对销售价格 P 进行求解时，需要考虑 F^{23} 的大小。当 F^{23} 最大时，对其利润函数的销售价格 P 求导，可得：

$dF^{23}/dP = -4KP+2\beta D+2\theta S-SK+KC_r+KC_m+KP^0$

令 $dF^{23}/dP = 0$，整理得：

$P^* = \dfrac{\beta D+\theta S}{2K} + \dfrac{C_m+C_r+P^0-S}{4}$

令 $P^* = P^0$，整理得：

$P^{23} = \dfrac{2\beta D+2\theta S}{3K} + \dfrac{C_m+C_r-S}{3}$

将 P^{23} 代入 $Q = \beta D+\theta S-KP$ 中可得：

$Q^{23} = \dfrac{\beta D+\theta S}{3} - \dfrac{KC_m+KC_r-KS}{3}$

将 P^{23}、Q^{23} 代入 F_m^{23}、F_r^{23}、F_c^{23} 中可得：

$F_m^{23} = (W-C_m) \times (\dfrac{\beta D+\theta S}{3} - \dfrac{KC_m+KC_r-KS}{3})$

$F_r^{23} = (\dfrac{2\beta D+2\theta S}{3K} + \dfrac{C_m-2C_r-3W-S}{3}) \times (\dfrac{\beta D+\theta S}{3} - \dfrac{KC_m+KC_r-KS}{3})$

由于 $P^{23} = P^* = P^0$，则可得：

$F_c^{23} = S \times (\dfrac{\beta D+\theta S}{3} - \dfrac{KC_m+KC_r-KS}{3})$

$F^{23} = (\dfrac{2\beta D+2\theta S}{3K} + \dfrac{2S-2C_m-2C_r}{3}) \times (\dfrac{\beta D+\theta S}{3} - \dfrac{KC_m+KC_r-KS}{3})$

针对集中决策下的批发价 W 的求解，这里运用逆向追溯法，通过 Shapley 值法对集中决策合作博弈下的供应链整体利润进行分配来求解批发价 W 的大小。当新能源汽车以最优售价进行销售时，此时消费者的利润为零，因此在供应链环节上只剩下生产商和零售商,则供应链整体利润只需在生产商和零售商之间分配。

设生产商 = $\{1\}$,零售商 = $\{2\}$,分散决策下的集合为子集 T_1 = {生产商},T_2 = {零售商}。集中决策的集合为 T_{12} = {生产商,零售商},因此,运用 Shapley 函数值法求解时,供应链当中的成员 i 的利润分配函数表达式为:

$$\varphi_i(v) = \sum_{t \in T_i} u(|T|)[v(T_i) - v(T/i)], \forall i \in N, \text{ 其中}, u(|T|) = \frac{(n-|T|)!(|T|-1)!}{n!}$$

$v(T)$ 表示集中决策下 T 成员在供应链合作中的收益,$v(T/i)$ 表示分散决策下 T 成员的收益,$u(|T|)$ 的大小由供应链当中合作的成员数决定。因此可以得出:

生产商的分配利润:

$$\varphi_i(v) = \frac{(2-1)!(1-1)!}{2!} \times [v(T_1) - 0] + \frac{(2-2)!(2-1)!}{2!} \times [v(T_{12}) - v(T_2)]$$

$$= \frac{1}{2}v(T_1) + \frac{1}{2}v(T_{12}) - \frac{1}{2}v(T_2)$$

零售商的分配利润:

$$\varphi_i(v) = \frac{(2-1)!(1-1)!}{2!} \times [v(T_2) - 0] + \frac{(2-2)!(2-1)!}{2!} \times [v(T_{12}) - v(T_1)]$$

$$= \frac{1}{2}v(T_2) + \frac{1}{2}v(T_{12}) - \frac{1}{2}v(T_1)$$

其中,$v(T_1)$ 表示生产商在分散决策下的利润均衡解;$v(T_2)$ 表示零售商在分散决策下的利润均衡解;$v(T_{12})$ 表示生产商和零售商在集中决策下的利润均衡解。因此,当政府将补贴分配给生产商时,可以得出:

$$\varphi_m(v) = \frac{1}{2}F_m^{11} + \frac{1}{2}F^{21} - \frac{1}{2}F_r^{11} = F_m^{21}$$

计算可得:

$$W^{21} = \frac{41(\beta D + \theta S)}{96K} + \frac{55C_m - 19S - 5C_r}{96}$$

将 W^{21} 代入 F_m^{21}、F_r^{21} 中可得:

$$F_m^{21} = \left[\frac{41(\beta D+\theta S)}{96K}+\frac{77S-5C_r-41C_m}{96}\right] \times \left(\frac{\beta D+\theta S}{3}-\frac{KC_m+KC_r-KS}{3}\right)$$

$$F_r^{21} = \left[\frac{23(\beta D+\theta S)}{96K}+\frac{-13-59C_r-23C_m}{96}\right] \times \left(\frac{\beta D+\theta S}{3}-\frac{KC_m+KC_r-KS}{3}\right)$$

$$F^{21} = \left(\frac{2\beta D+2\theta S}{3K}+\frac{2S-2C_r-2C_m}{3}\right) \times \left(\frac{\beta D+\theta S}{3}-\frac{KC_m+KC_r-KS}{3}\right)$$

同理,当政府将补贴分配为零售商时,可得:

$$W^{22} = \frac{41(\beta D+\theta S)}{96K}+\frac{23C_r-23S+119C_m}{96}$$

将 W^{22} 代入 F_m^{22}、F_r^{22} 可得出:

$$F_m^{22} = \left[\frac{41(\beta D+\theta S)}{96K}+\frac{23C_r-23S+23C_m}{96}\right] \times \left(\frac{\beta D+\theta S}{3}-\frac{KC_m+KC_r-KS}{3}\right)$$

$$F_r^{22} = \left[\frac{23(\beta D+\theta S)}{96K}+\frac{87S-87C_r-87C_m}{96}\right] \times \left(\frac{\beta D+\theta S}{3}-\frac{KC_m+KC_r-KS}{3}\right)$$

$$F^{22} = \left(\frac{2\beta D+2\theta S}{3K}+\frac{2S-2C_r-2C_m}{3}\right) \times \left(\frac{\beta D+\theta S}{3}-\frac{KC_m+KC_r-KS}{3}\right)$$

当政府将补贴分配为消费者时,可得:

$$W^{23} = \frac{41(\beta D+\theta S)}{96K}+\frac{-5C_r+77S+55C_m}{96}$$

将 W^{23} 代入 F_m^{23}、F_r^{23} 中,则可得:

$$F_m^{23} = \left[\frac{41(\beta D+\theta S)}{96K}+\frac{-5C_r+77S-41C_m}{96}\right] \times \left(\frac{\beta D+\theta S}{3}-\frac{KC_m+KC_r-KS}{3}\right)$$

$$F_r^{23} = \left[\frac{23(\beta D+\theta S)}{96K}+\frac{-109S-59C_r-23C_m}{96}\right] \times \left(\frac{\beta D+\theta S}{3}-\frac{KC_m+KC_r-KS}{3}\right)$$

$$F_c^{23} = S \times Q^{23}$$

$$F^{23} = \left(\frac{2\beta D+2\theta S}{3K}+\frac{2S-2C_r-2C_m}{3}\right) \times \left(\frac{\beta D+\theta S}{3}-\frac{KC_m+KC_r-KS}{3}\right)$$

三、东风柳汽新能源汽车补贴参数设置和计算

随着政府的扶持、经济结构的转型以及研发技术的逐渐成熟,新能源汽车

作为汽车产业未来的发展趋势，生产数量会进一步地增加，为充分说明政府补贴对新能源汽车供应链协调的影响，假设生产商、零售商、消费者都是理性的行为人，对参数的赋值也是结合实际情况进行的假设，具体如下：

政府补贴 S = 35000 元/辆，市场规模 D = 2500 万辆，市场占有率 β = 1.65%，生产商成本 C_m = 20000 元，零售商成本 C_r = 10000 元，政府单位补贴带来的市场需求增加和成本减少倍数 θ = 0.4，新能源汽车的需求价格敏感系数 K = 2。当政府补贴额度为 S = 35000 元/辆时，根据行为主体的决策情形不同以及补贴对象不同分以下情况讨论：

1. 分散决策情况下

当政府补贴额度为 S = 35000 元/辆时，将相关参数值代入公式 P^{11}、W^{11}、Q^{11}、F_m^{11}、F_r^{11}、F^{11}、P^{12}、W^{12}、Q^{12}、F_m^{12}、F_r^{12}、F^{12}、P^{13}、W^{13}、Q^{13}、F_m^{13}、F_r^{13}、F_c^{13}、F^{13} 中。

可得到生产商、零售商、消费者，以及供应链整体的利润结果，如表 6-4 所示。

表 6-4　分散决策下各变量的最优值

补贴对象	P	W	Q	F_m	F_r	F_c	F
生产商	158688	94125	109125	109125	54563	0	163688
零售商	158688	129125	109125	109125	54563	0	163688
消费者	167438	111625	91625	91625	45813	35000	172438

注：表中各行为主体的利润代表的是每辆车的利润。

通过表 6-4 中的数据可以得出当政府每辆车的补贴为 35000 元时，不管补贴给生产商还是补贴给零售商，市场的需求量是不变的，生产商和零售商最后的利润都不受影响，也不会影响供应链整体的利润。但是若政府将补贴分配给生产商可以降低批发价格从而使零售商增加批发量，在这种情况下消费者的购买价格将会降低；当政府将补贴分配给零售商时，生产商会抬高批发价从而降低自身的生产成本，而零售商因为有政府补贴所以售价会保持不变；当政府将补贴直接分配给消费者时，此时零售商会抬高销售价格来降低自身的销售成本，生产商也会抬高批发价格来降低生产成本，但最终由于政府将补贴直接作用于消费者而导致生产商和零售商的利润下降比例较大，从而生产商和零售商会缩减生产数量，导致市场需求量下降。这说明在分散决策下政府补贴对象的改变导致了各行为主体的利润变化，而作为理性经济人，消费者更期望获得政府补贴，这样消费者可以增加最终的利润，也使供应链整体利润得到提升。因此，在分散决策下政府倾向于将补贴直接分配给消费者。

2. 集中决策情况下政府补贴的影响

当政府补贴额度为 S = 35000 元/辆时，将相关参数值代入公式 P^{21}，W^{21}，Q^{21}，F_m^{21}，F_r^{21}，F^{21}，P^{22}，W^{22}，Q^{22}，F_m^{22}，F_r^{22}，F^{22}，P^{23}，W^{23}，Q^{23}，F_m^{23}，F_r^{23}，F_c^{23}，F^{23} 中。

可得到生产商、零售商、消费者，以及供应链整体的利润结果，如表 6-5 所示。

表 6-5 集中决策下各行为变量的最优值

补贴对象	P	W	Q	F_m	F_r	F_c	F
生产商	140500	95086	145500	110086	35414	0	145500
零售商	140500	109878	145500	89878	55622	0	145500
消费者	140500	130086	145500	110086	414	35000	145500

注：表中各行为主体的利润代表的是每辆车的利润。

通过表 6-5 中的数据可以得到当政府每辆车补贴为 35000 元时，在集中决策下新能源汽车的销售价格、市场需求数量，以及供应链的整体利润不随政府补贴对象的改变而改变。新能源汽车的批发价格会因为补贴对象的不同而有较大的波动，其中当直接补贴给生产商时的批发价格最低，补贴给消费者时的批发价格最高。此外生产商和零售商的利润也因补贴对象的不同变化幅度较大，当政府将补贴分配给生产商和消费者时，生产商获得的利润相等且高于政府将补贴给零售商的情况，当政府补贴直接作用于消费者时，零售商获得利润最低，因为此时在销售价格不变的情况下，零售商的批发价格最高，付出的销售成本更大。因此在集中决策下作为理性经济人，生产商、零售商、消费者都期望直接获得政府补贴。

3. 不同决策情况下的政府补贴影响对比

通过在分散决策和集中决策下各行为主体的最优值对比可以得出，采取集中决策可以降低新能源汽车的销售价格，增加其市场销售数量，如表 6-4 和表 6-5 所示，其中最优售价降低了 18188 元，市场销售数量增加了 36375 辆；集中决策下的市场需求数量大约是分散决策下的 4/3 倍；在集中决策下供应链的总体利润远大于分散决策下供应链的总体利润，且生产商和零售商在集中决策下的总体利润均大于分散决策下的总体利润。这说明在集中决策下政府通过补贴可以有效地推动新能源汽车的发展，因此作为理性经济人，各行为主体更倾向于采取集中决策使供应链总体利润最大化来达到供应链协调的目的。不同决策情况下销售价格、批发价格、需求数量的比较如图 6-6、图 6-7 和图 6-8 所示。

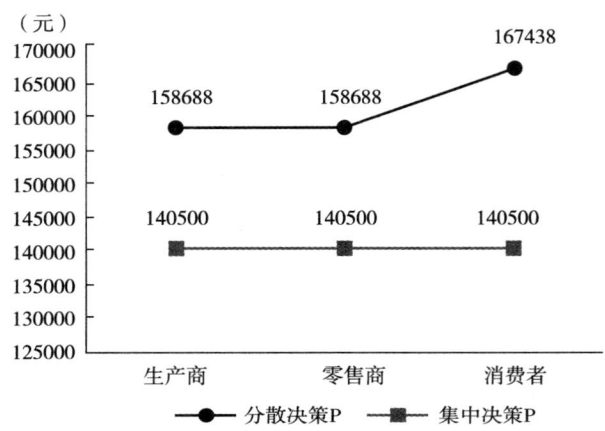

图 6-6　分散决策和集中决策下销售价格 P 比较

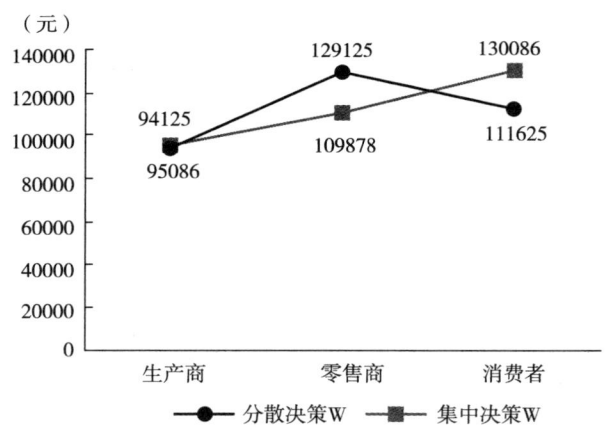

图 6-7　分散决策和集中决策下批发价格 W 比较

4. 政府补贴额度变化带来的影响

以上分析了在政府补贴固定不变情况下，各行为变量在不同决策情况中的变化情况，现在来分析当政府补贴额度发生变化对各行为变量的影响情况。这里假设以零售商为补贴对象进行分析，通过调整补贴力度的数值可以得出生产

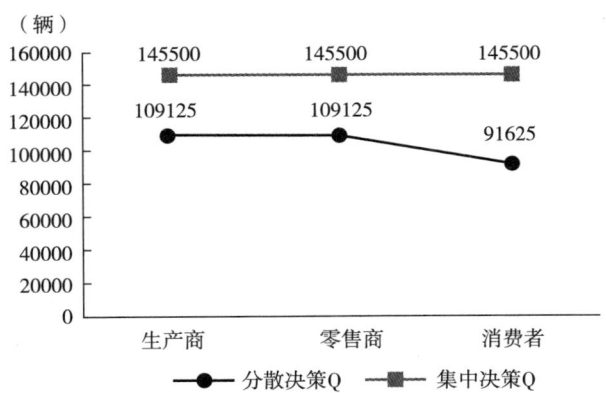

图 6-8　分散决策和集中决策下需求数量 Q 比较

商、零售商、消费者，以及供应链整体的利润值，如表 6-6 和表 6-7 所示。

表 6-6　分散决策情况下各变量的最优值变化情况

补贴对象	S（元）	P（元）	W（元）	Q（辆）	F_m（元）	F_r（元）	F_c（元）	F（元）
零售商	20000	160188	120125	100125	100125	50063	0	150188
	30000	159188	126125	106125	106125	53063	0	159188
	40000	158188	132125	112125	112125	56063	0	168188
	50000	157188	138125	118125	118125	59063	0	177188
	60000	156188	144125	124125	124125	62063	0	186188
	70000	155188	150125	130125	130125	65063	0	195188

通过表 6-6 中数据可以得出，在分散决策下当政府的补贴对象为零售商时，随着政府补贴力度的增加新能源汽车的销售价格 P 以每辆 1000 元的速度降低；新能源汽车的批发价格 W 和生产商的利润 F_m 都以每辆 6000 元的速度增加；市场需求数量 Q 以 6000 辆的速度增加；零售商的利润 F_r 以每辆 3000 元的速度增加，供应链整体的利润 F 以每辆 9000 元的速度增加。这说明政府的补贴可以降低销售价格，提高市场需求数量，并使生产商、零售商及整个供应链的利润得到提升，可以激发生产商和零售商对新能源汽车生产和销售的积极性，从而有效促进新能源汽车的推广。

表 6-7 集中决策情况下各变量的最优值变化情况

补贴对象	S（元）	P（元）	W（元）	Q（辆）	F_m（元）	F_r（元）	F_c（元）	F（元）
零售商	20000	143500	112190	133500	92190	41310	0	133500
	30000	141500	110648	141500	90648	50852	0	141500
	40000	139500	109107	149500	89107	60393	0	149500
	50000	137500	107565	157500	87565	69935	0	157500
	60000	135500	106023	165500	86023	79477	0	165500
	70000	133500	104482	173500	84482	89018	0	173500

通过表 6-7 中数据可以得出，在集中决策下当政府的补贴直接作用于零售商时，随着政府补贴力度的逐步增加新能源汽车的销售价格 P 以每辆 2000 元的速度降低，新能源汽车的批发价格 W 也以每辆大约 1540 元的速度降低。虽然相较于分散决策情况下，生产商的利润 F_m 以每辆大约 1540 元的速度降低，但是市场的总需求量 Q 却以 8000 辆的速度增加。零售商的利润 F_r 以每辆大约 9540 元的速度增加，供应链的整体利润 F 也以每辆 8000 元的速度增加。由此可以得出，在集中决策下政府补贴力度与销售价格 P、批发价格 W 呈负相关关系，与需求量 Q、零售商利润 F_r、供应链整体利润 F 呈正相关关系。

通过对比表 6-6 和表 6-7，可以得出，在集中决策下政府的补贴效果优于分散决策下政府的补贴效果。在集中决策下随着政府补贴力度的加强可以大幅度降低销售价格和批发价格，从而使市场的需求量大幅上升，售价的降低可以极大地带动消费者购买的积极性，这也是消费者和政府所期望的结果。此外，在集中决策下，供应链的总体利润远大于分散决策下供应链的总体利润。因此作为理性经济人，生产商、零售商、消费者更倾向于通过集中决策来使供应链总体达到共赢。而政府也倾向于利用集中决策使政府的补贴效率得到最大发挥，从而推动新能源汽车产业的发展。

四、政府补贴机制设计

在实际新能源汽车推广过程中，政府补贴力度应控制在合理的范围内，以防止补贴过度导致政府财政紧张、企业创新性降低及企业投机行为，但政府补贴过低则无法带动企业和消费者研发生产和购买新能源汽车的积极性，从而无法推动新能源汽车产业的发展。在由政府和零售商构成的动态博弈中，政府的

第六章 基于信任的新能源汽车供应链协调决策研究

策略选择分别有对销售新能源汽车的零售商进行补贴和不补贴两种策略；零售商有选择销售新能源汽车和销售传统汽车两种策略。策略选择描述如下，相关参数设置如表6-8所示。

表6-8 政府和零售商博弈的参数描述

R_g：零售商销售新能源汽车给政府带来的社会福利增加	C_r：零售商销售成本
C_g：补贴情况下政府对销售传统汽车的环境污染治理成本	W：零售商批发价格
S：政府对零售商销售新能源汽车的补贴	P：零售商销售价格
S'：政府对零售商销售传统汽车的惩罚	

政府策略 $X=(X_1, X_2)=$（补贴，不补贴），补贴概率为 P_1，不补贴概率为 $(1-P_1)$。零售商策略 $Y=(Y_1, Y_2)=$（销售新能源汽车，销售传统汽车），零售商销售新能源汽车的概率为 P_2，销售传统汽车的概率为 $(1-P_2)$。

政府和零售商的博弈矩阵如表6-9所示。

表6-9 政府和零售商的博弈矩阵

		零售商	
		销售新能源汽车 Y_1 (P_2)	销售传统汽车 Y_2 ($1-P_2$)
政府	补贴 X_1 (P_1)	(R_g-S, $P-W-C_r+S$)	($S'-C_g$, $-S'$)
	不补贴 X_2 ($1-P_1$)	(0, $P-W-C_r$)	(0, 0)

由此可以得到，政府和零售商的期望收益：

$E(X_1) = P_2(R_g-S) + (1-P_2)(S'-C_g)$

$E(X_2) = P_2 \times 0 + (1-P_2) \times 0$

$E(Y_1) = P_1(P-W-C_r+S) + (1-P_1)(P-W-C_r)$

$E(Y_2) = P_1(-S') + (1-P_1) \times 0$

当 $E(X_1) > E(X_2)$ 且 $E(Y_1) > E(Y_2)$ 时，可以得到：

$$\left|\frac{W+C_r-P}{P_1}\right| -S' < S < R_g+C_g-S'+\frac{S'-C_g}{P_2} \tag{6-2}$$

根据上面分析情况，假设政府的补贴概率 $P_1=0.8$，零售商销售新能源汽车的概率 $P_2=0.8$，零售商的销售成本 $C_r=10000$ 元，零售商的批发价格 $W=$

110000元，零售商的销售价格P=140000元，当政府选择扶持新能源汽车时所获得的社会福利的增加R_g=70000元，政府针对零售商销售传统汽车带来环境污染的治理成本C_g=20000元，对零售商销售传统汽车的惩罚S'=10000元，将数据代入式（6-2）则可得：15000元<S<67500元，根据国家对新能源汽车的补贴标准（见表6-10）可以得出，政府对东风柳汽新能源汽车的补贴力度控制在20000元<S<60000元范围内是合理的设计。

表6-10 2017~2018年新能源汽车国家补贴对比

动力类型	纯电续航（千米）	2017年国补（万元）	纯电续航（千米）	2018年国补（万元）
纯电动	100≤R≤150	2.0	R<150	0
	150≤R≤250	3.6	150≤R≤200	1.5
	R≥250	4.4	200≤R≤250	2.4
			250≤R≤300	3.4
			300≤R≤400	4.5
			R≥450	5.0
插电混动（含增程）	R≥50	2.4	R≥50	2.2
燃料电池	R≥300	20.0	R≥300	20.0

第六节 广西新能源汽车供应链协调发展的相关建议

为了加快广西新能源汽车产业的发展，结合博弈以及实证分析的结果，对政府、企业、消费者提出以下可借鉴建议，以期政府、企业、消费者能够协同努力，共同打造广西新能源汽车制造产业的发展。

一、对政府部门的建议

政府作为新能源汽车产业发展的引导者、监督者、宏观顶层设计者，应从宏观布局为新能源汽车产业发展做好宏观规划，制定相关的政策与标准，并协同其他政府职能部门等的配合，做好前期的市场引导、政策监督实施、后期的用地用电规划、税务征收等工作。具体建议如下：

1. 完善新能源汽车补贴制度及配套设施建设规划

补贴和基础设施建设是激发消费者购买新能源汽车的物质保障和使用保障；补贴和基础设施建设是驱动企业生产的前提和支撑。因此，完善新能源汽车产业政策导向、加强基础设施、配套设施的建设是政府决策时考虑的关键。

针对政府补贴，政府要制定适合本地区发展的补贴政策，从补贴时间、对象、力度，以及补贴的方式等方面进行宏观调控，将新能源汽车的购车补贴、充电优惠、停车优惠、充电桩建设、示范小区建设等一系列具体工作逐一落实。前期推广阶段可以将补贴对象的重点放在消费者层面，以市场需求刺激企业的生产研发以及基础设施建造，在补贴力度上根据消费者的购车成本来制定补贴的比例，防止过度补贴带来的消费弊端，在消费者购买的基础上对企业生产新能源汽车的生产成本进行一定比例的补贴，且补贴的力度要高于消费者，以刺激企业对新能源汽车进行研发生产的积极性和主动性，促进基础设施的建设来保证前期的消费形成示范效应，在前期对消费者和企业的补贴主要侧重于整车制造的补贴，以刺激对整车的生产和购买。在推广中期，针对补贴的方式进行细分是对电池补贴还是对整车或基础设施补贴，把补贴的重点转向关键技术的研发，例如电池、电机、电控及充电站基础设施建设等方面，促进企业对关键技术的攻克，以形成企业的核心竞争力和关键技术的自主化，此阶段政府可以设置组合补贴制度，将补贴额度在关键技术、整车、基础设施等方面进行比例分配，进而带动整个产业链的发展。在推广后期随着关键技术的不断攻克，市场逐渐成熟，新能源汽车消费走上正轨，此时政府应逐步降低在各个方面的补贴力度，转向由市场进行调控。打造"三位一体"的新能源汽车分时租赁系统，使"租车、充电、停车"一体化，让广大消费者切身体验新能源汽车的便利性、实用性，提高群众绿色出行效率。

2. 政府加强补贴的监管力度以及与第三方机构合作

政府加强补贴的监管力度，同时加强与第三方机构的合作。政府要根据新能源汽车的不同车型对销售价格进行控制，设定最高限价和最低限价，防止一些投机企业或消费者随意抬价造成"骗补行为"。实行新能源汽车从整车生产、加工、装配、制造、销售、购买、售后服务一体的实时追踪制度，既可以有效防止"骗补"事件的发生，也可以带动第三方产业的发展，同时还可以对新能源汽车实行实时监控，及时了解新能源汽车的使用状况并针对出现的问题进行及时反馈,加强与第三方机构的合作,实行信息数据库的共享,可以充分利用互联网大数据资源,发挥信息技术的科技作用,也带动了高科技产业的发展,形成产业间的联盟合作。

3. 完善相关的产业政策和标准

政府应根据传统汽车的消费情况来完善相关产业政策。对能源消耗大、环境污染重的传统燃油车型实施限制政策(限制生产、限制购买)。可尝试实施"以旧换新"政策,即以传统燃油车型换购新能源汽车车型的政策,来刺激新能源汽车消费市场。在新能源汽车的购买、使用过程中政府也可以通过优惠的信贷政策缓解企业和消费者的生产及购买压力,进一步推动市场消费。

完善新能源汽车的研发、生产、管理、使用等相关标准。建立新能源汽车标准化体系框架,是实施新能源汽车标准化工作的重中之重,是提升我国新能源汽车技术能力的基础性工作。目前,我国新能源汽车的标准化体系框架逐步建立,虽然体系框架已初步满足我国对新能源汽车研发管理的相关要求。但由于新能源汽车前期开发的复杂化、综合化、技术不成熟化,并在使用过程中存在众多的不确定性等问题,在很多细节方面的标准体系还未完全地建立起来。例如,电池方面的寿命衡量标准、关键零部件的标准要求、充电桩的统一规范标准等,这些都是政府接下来需要着重考虑和完善的。技术体系标准是产品大规模生产,形成规模效应的前提,也是衡量产业技术是否完全成熟的标志,为了抓住新能源汽车发展的机遇,接下来政府应从研发、生产、管理、使用、技术配套、安全、认证等方面继续完善新能源汽车技术标准体系。

4. 实行国际化战略

广西依托特有的区位优势,在国家"一带一路"倡议,以及"中国—东盟自由贸易区"的推动下,政府应针对新能源汽车的发展特点实行国际化战略,促进新能源汽车开拓国外市场,扩大出口并提供优惠的出口政策,加强与国际新能源汽车制造企业的交流合作与学习。

二、对企业的建议

1. 企业之间要搭建信任合作平台——实行利益分享制度

对供应链中的企业来说,企业之间应搭建信任合作平台,达成企业间的合作协议,实行利益分享机制,共同推动新能源汽车的发展。新能源汽车供应链是涉及原材料供应商、生产商、制造商、供销商、消费者的复杂网络系统,要加强不同企业间的交流合作才能及时洞察市场需求,并将市场需求信息实时地反馈到供销商、制造商、原材料供应商,可以有效防止"牛鞭效应"的发生,同时生产制造企业也可以及时抓住市场需求而快速占有市场并因此获利,消费者也可以得到适时消费,从而可以形成一个良好的市场循环体系。

2. 加快关键技术的研发——形成核心竞争力

对新能源汽车供应链中的核心企业而言,在新能源汽车的推广初期应注重把企业的重心放到生产结构的调整和产品的升级改造上,依托传统汽车的基础设施进行改造、升级,并根据市场需求及时推出一些实用性新能源汽车车型,对市场潜在需求进行探索。在新能源汽车推广期,核心企业应在政府的大力扶持下,抓住机遇,加快关键技术的研发,提高新能源汽车的续航里程及电池使用寿命,只有掌握新能源汽车的关键技术,企业才真正掌握了核心竞争力。此外,发展较好的新能源汽车企业可以发挥带动模范作用,加强企业之间的交流、合作、调研,实行成果共享机制,缩短中小型新能源汽车企业技术研发的瓶颈周期,进行资源的整合配置,缩短进入批量生产的时间。

3. 提升产品质量和售后服务

产品质量是消费者购买的关键,随着生活节奏的加快和消费方式的转变,消费者越来越关注产品的质量、实用化、智能化、性价比、新颖化、便利化等,企业应全面提升新能源汽车的整车质量、外观构型和内设配置,并提供全方位的售后服务,消除消费者在使用过程中的顾虑,及时解决在新能源汽车使用过程中遇到的难题,例如电池保养、充电等问题,打造一体化的服务体系。

三、对消费者的建议

1. 树立绿色消费意识

消费者作为公众群体是节能环保、绿色消费的践行者,在当前环境污染、资源短缺的双重危机下,应及时转变消费理念,树立节能环保的消费意识,增加对新能源汽车的消费意识和认可程度。

2. 做好产品宣传推广和建议的反馈者

新能源汽车走向市场,最终还是要符合消费者的价值观念和消费理念,因此作为消费者,我们应结合消费理念为汽车生产商提供一些设计和使用建议,来丰富产品的种类和特性,提高企业的创新性,以增加产品的市场竞争力。作为绿色消费践行者,应积极推广宣传新能源汽车使用的便利性、实用性等优势,为潜在消费群体提供示范效应,从而推动市场需求的增加。此外,针对企业生产研发和政府政策实施过程中的问题提出一些反馈和改进意见,形成政府、企业、消费者三级联动机制,共同推进新能源汽车的发展。

四、对政府、企业、消费者的总体建议

1. 搭建"产+学+研"合作平台

消费者需求是新能源汽车市场形成的基础，而关键技术瓶颈是制约消费者需求的命脉。因此在市场需求的刺激下，联合政府、企业、学校进行关键技术的研发，既可以降低单一企业研发的风险和成本，又可以整合各部分资源，实现资源的有效利用，为了进一步开拓新能源汽车的发展，政府应鼓励企业、高校联合创新、发展，共同致力于关键技术的开发，积极创建合作科研平台，整合总体资源力量，建立技术创新联盟，加强对关键技术的联合攻克，同时可培养出更多具有实践意义的科研人才，使各部分资源达到有效的发挥，为新能源汽车产业发展提供了有力的技术支撑。

2. 构造产业联盟空间布局

为推进新能源汽车发展，需要政府、企业、消费者的密切配合以形成新能源汽车的产业联盟空间布局。首先需要政府宏观布局，其次需要企业之间加强合作，最后需要消费者以消费需求的形式进行支持，最终形成整个产业联盟空间布局，如图6-9所示。对产业联盟空间布局的建立过程具体为：政府应综合利用资源优势和区位优势，从总体进行宏观布局，切实发挥各地区企业间优势，以柳州、南宁、桂林、玉林为核心打造整车制造企业并形成产业集群，将产业链向周边进行辐射扩展，发挥梧州、钦州、崇左三大新能源汽车锂离子动力电池生产的资源优势，打造北部湾能源储运基地建设，以及桂东北地区新能源产业化基地建设。同时推进互联网和先进制造的并行发展，形成新能源汽车整车制造和零部件的研、产、销、测、服务为一体的新能源汽车产业发展体系。以核心企业带动其他企业的发展，以核心区域带动周边区域的发展，使供给、研发、生产、销售层层配合形成整个供应链条，以突破单个企业的有形限制，同时也可以使整个地区的产业链发挥各自优势，降低企业的生产成本和风险，同时规避企业间不良竞争，从而有利于实现内外部资源的整合和优化，最终通过向消费者提供高质量、高品质、实用性、服务好的新能源汽车而实现整个产业联盟的合作和发展。

第六章 基于信任的新能源汽车供应链协调决策研究

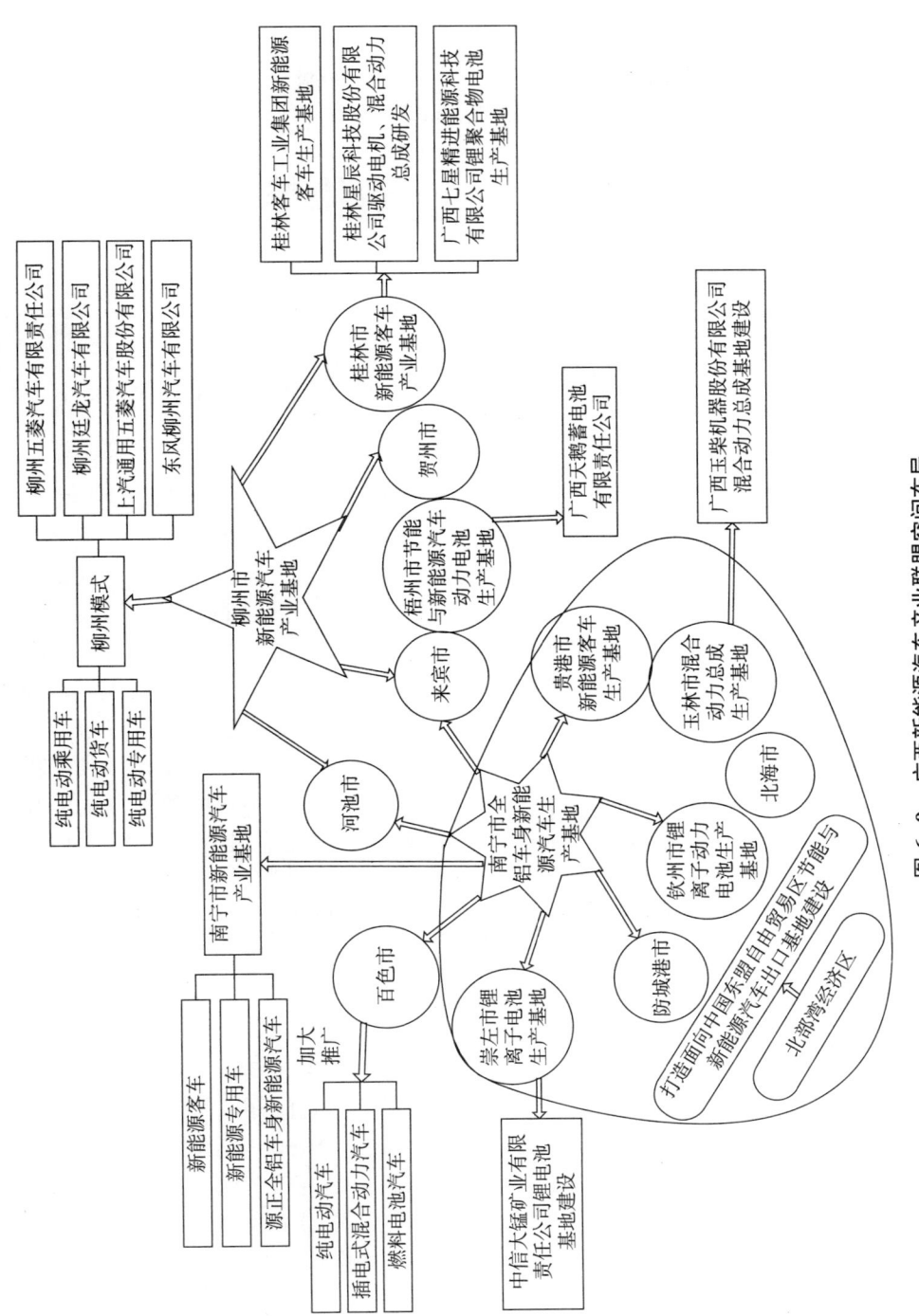

图6-9 广西新能源汽车产业联盟空间布局

第七章
YP 能源企业供应链网络实证分析

第一节　YP 能源企业简介和概况

　　YP 能源企业是一家集电能源咨询、设计、勘察、承建于一体的特大型能源建设集团。该公司凭借优势产业链服务，在中国及海外多个国家中承办电力工程建设项目，获得相关丰富经验，能够为客户提供综合管理服务、一站式解决方案和全生命周期的相关服务等。YP 能源企业致力于电能源的投资、开发、工程总承包、运营等业务，其设计承建的电厂总并网装机容量超过 160 吉瓦的优秀业绩在世界电能源技术开发和应用领域排名第一。YP 能源企业已承担设计或建设大量标志性项目及取得多项成就，包括三峡工程项目，最高电压等级的交直流输电线路，以及最多百万千瓦超超临界发电机组。根据弗若斯特沙利文报告，2016 年，YP 能源企业在其主营勘察设计业务领域具有强大的资源优势和占比份额。其中，在中国火电项目市场占比 83%、输电线路市场占比 58.2%、特高压输电线路占比 75.6%。根据同一数据源，在 2016 年，YP 能源企业的工程建设相关业务的市场占有率分别为：中国火电项目 57.8%、水电项目 25%。此外，在中国所有投运及在建的核电机组中，YP 能源企业的勘测设计及核电厂常规岛安装业务（两者均按已装机容量计）的市场占有率分别为 90.8% 和 59.8%。

　　近年来，YP 能源企业的国际业务经历了快速发展，主要项目包括中国首个海外核电工程——恰希玛核电项目（一期）；应用中国首台出口的 600 兆瓦超临界燃煤发电机组——土耳其 EREN 超临界燃煤电站（2×600 兆瓦）项目。此外，现在正在建设的阿根廷圣克鲁斯河基赛水电站项目是阿根廷最大的项目，也是迄今为止中国企业在海外承建的合约金额最大的水电项目。2014~2016 年，其海外相关业务收入的年复合增长率达到 21.3%，并保持持续增长态势。YP 能源企业于 2016 年在中国公司承接的海外电力项目中占比 36.7%，具有最大市场份额。YP 能源企业已成功在国际电力及基础设施建设行业中确立了"中国能建"的知名承包商品牌。

YP 能源企业在全国拥有 5 个大型生产基地，每个生产基地公司按照职能业务区分为生产部门、管理部门、物流采购部门、组装分配部门等。其中分销体系共有 15 个一级分销中心、68 个二级分销商；供应体系按照外部协作和部门职能可以分为 20 家原材料供应商和 24 家零售商。故可将 YP 能源企业的业务合作网络抽象化，将其模拟成 132 个节点的拓扑网络。因为整个 YP 能源企业供应链所涉及的节点多而杂，因此目前很多企业彼此之间的信任管理出现了非常大的问题，主要表现在以下四个方面：

（1）供应链伙伴企业间的信任关系难以快速建立。相比于其他供应链，能源供应链需要特定的市场机遇才能形成，它对市场机遇的快速响应需求较高，所以在筛选供应链成员企业时，作为核心企业需要着重考虑的是企业的核心能力及关键资源。因此，一般情况下，YP 能源企业供应链形成后成员面对的大多是之前从未合作过的伙伴企业，而且相互之间没有任何信任基础。应对快速反应的要求，如何在伙伴企业之间快速建立信任关系成为 YP 能源企业供应链中成员面临的问题之一。

（2）供应链伙伴企业间信息共享困难。在能源供应链上的企业之间需要关于生产等各个环节进行信息交流以及资源的共享，但是供应链上企业成员在地理位置上是分散的，组织架构和企业文化是不同的。由于缺乏"面对面"的沟通，这就使合作企业间的信息畅通互达较为困难，成员企业信息共享和交流有较大障碍。另外，活跃在能源供应链上的企业之间也存在竞争，它们需要合作又要互相防备，所以信息完全共享比较困难。

（3）供应链伙伴企业间的文化差异。YP 能源企业供应链上的成员由不同国家或地区的人员组建构成，在企业文化和共同愿景等对未来发展有着不同的定义和理念。管理、制度及人员上的差异可能对伙伴企业间的交流与合作产生影响，造成合作上的矛盾与冲突。能源供应链的新形势会使他们在管理上与传统方式有较大差异，既要协调他们之间的利益，又要避免不必要的冲突。为了实现共赢，需要各个伙伴利用供应链上的优势，发挥各自的长处，以实现整个能源供应链的最大利益。

（4）供应链伙伴企业间公平难以实现。每个供应链上的企业都非常注重公平性，但是现实与理想状态往往存在差异，由于核心企业的存在，YP 能源企业供应链围绕核心企业展开，地位上会有差别。另外，核心技术研发企业和生产制造企业之间往往很难实现收益上的均等分配，难以达到公平。

第二节　YP能源企业供应链网络的统计特征分析

参照YP能源企业所在的供应链中企业连接网络（见附录三）。将能源供应链中的原材料供应商、大型制造商、分销商以及零售商作为一个整体集团，刻画出其信任关系拓扑图。当然，各集团中有各自的核心企业，同时存在越级信任，比如零售商和制造商可能因为相互信任就直接业务合作，而不需要分销商。已知当前YP能源企业供应链网络中各企业间相互信任关系共有431条，如图7-1所示。其中，"CS"表示核心供应商，"s"表示一般供应商，"CM"表示核心制造商，"m"表示一般制造商，"CPD"表示一级核心分销商，"CSD"表示二级核心分销商，"d"表示一般分销商，"CR"表示核心零售商，"r"表示一般零售商。实线表示同级中现有的信任关系，虚线是上下游间的现有信任关系，且存在越级信任。

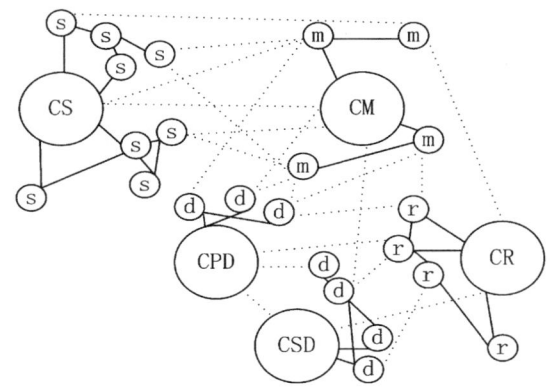

图7-1　YP能源企业供应链网络拓扑

为了对YP能源企业供应链网络的拓扑性质进行研究，利用UCINET软件对YP能源企业供应链网络进行静态的统计特征分析，选取了度分布、聚类系数、平均路径长度、网络密度基本统计参数：

（1）节点度分布。图7-2给出的是YP能源企业供应链网络的节点企业度分布，可以看出度的分布明显区别于星形（两点分布）和规则网络（每个节点度都是一样的，没有所谓的分布概念），而是近似地遵从幂的形式，即$\rho(k) \propto$

$k^{-\alpha}$，其中 α 称作幂指数，说明 YP 能源企业供应链网络为无标度网络。当然幂函数形式只是其中有代表性的一种，其他还有高斯分布、指数分布、介于指数分布和幂律分布之间等。因此 YP 能源企业供应链拥有无标度网络特性，并和大多数网络一样拥有异质性，也就是在 YP 能源企业供应链中企业间的信任关系若面对随机攻击，则具有鲁棒性，而若面对蓄意攻击，则表现出脆弱性。

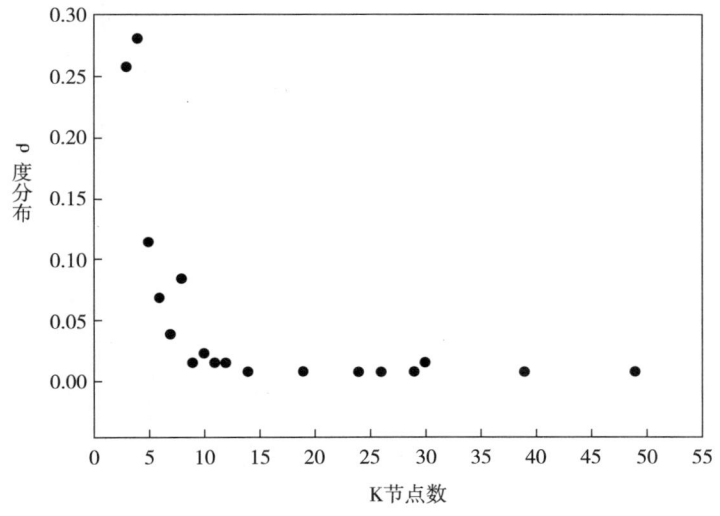

图 7-2 节点度分布情况

（2）聚类系数。通过计算得到 YP 能源企业供应链网络的集聚系数 C = 0.221，相对于 132 个节点的网络来讲，聚类系数是比较大的，这表明 YP 能源企业供应链网络中节点彼此之间的信任传递效率高，信任集团化程度较高。

（3）平均路径长度。YP 能源企业供应链网络间企业的平均路径长度是 2.545，就是为了形成信任关系，一个节点到另一个节点企业要过 2~3 个节点，即意味着整个 YP 能源企业供应链网络平均信任成本是较低的，信任关系的布局相对合理。

（4）网络密度。YP 能源企业供应链的网络密度为 0.05，对于 132 个节点的网络而言，网络密度等于 0.05 是比较小的，因此认为 YP 能源企业供应链信任关系较为生疏，反映出整个 YP 能源企业供应链中成员的交易成本、学习成本、生产成本、机会成本等会较高。

第三节 YP能源企业供应链网络的中心性分析

为探讨介数中心性和接近中心性对供应链企业间信任的意义,将YP能源企业供应链网络中的132个节点介数中心性和接近中心性按照定义分别计算出来(见附录四),按照降序排序,分析介数中心性和接近中心性的变化规律,如图7-3和图7-4所示。

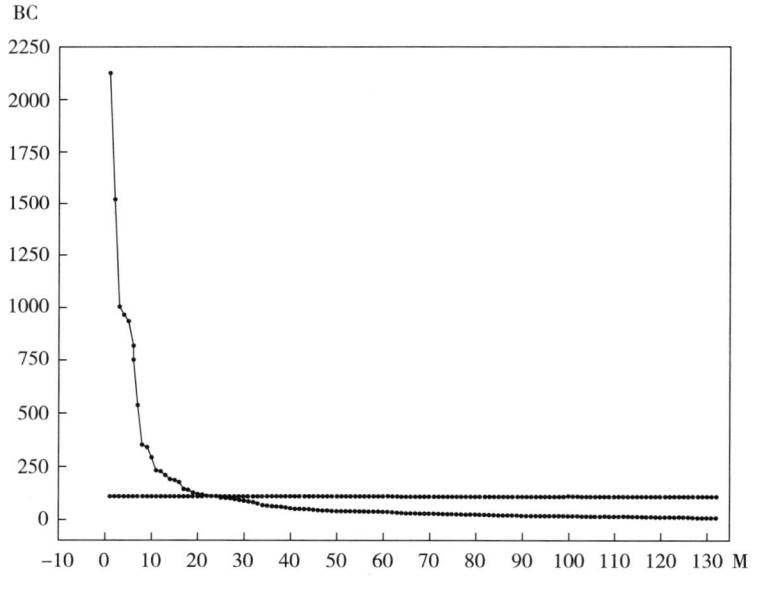

图7-3 YP能源企业供应链介数中心性变化

图7-3中横坐标M是代表节点数,纵坐标是中心性的值。图7-3表示介数中心性变化情况,图中横线是132个节点介数中心性的平均值。很明显,大多数节点介数中心性低于平均水平,只有少数节点具有高于平均水平的介数中心性,这意味着在YP能源企业供应链中绝大部分节点对资源控制的程度都较低,大多数资源掌握在少数节点企业之中,说明了少数介数中心性较大的节点企业成为了信任传递的"核心枢纽"。高的介数中心性下降到平均值时的速度很快,而由平均值变化到0的速度相对是比较平稳的,间接地说明节点从低的中心性变为高的中心性是比较困难的,也就是要想由信任度较低变为信任度较高是相当困难的。

图 7-4 是接近中心性变化情况，图中横线是 132 个节点的接近中心性平均值，区别于介数中心性变化图，YP 能源企业供应链网络中节点的接近中心性相对比较分散，均匀地分散在平均值上下，形成了中心对称。需要注意的是，接近中心性越小，表示该点在网络中越处于核心地位，不受其他节点控制的能力越强。信任度较高的节点取得其他节点的信任可能不需要通过信任的传递，而在 YP 能源企业供应链网络中这种"不需要信任传递"的能力分布比较均匀。

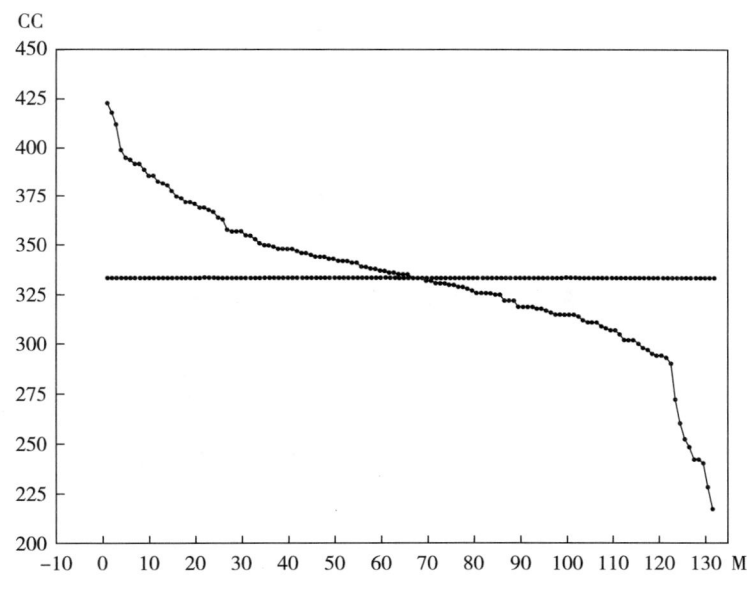

图 7-4　YP 能源企业供应链接近中心性变化

将 132 个节点对应的中心性值分为四个层次，分别为：最小值—下四分位，下四分位—中位，中位—上四分位，上四分位—最大值。具体数值特征如表 7-1 所示。

表 7-1　YP 能源企业供应链网络中心性数值特征

	最小值	下四分位	中位	上四分位	最大值
介数中心性	0.000	7.910	20.707	60.866	2122.282
接近中心性	217.000	315.000	334.500	351.500	423.000

根据表 7-1 中的数值可以得出，YP 能源企业供应链网络中介数中心性最小的节点为 0，而前三个层级中最小值到上四分位上升的空间很小，仅由 0 变化到 60.866，平均每个节点增加 0.62，最后一个层级上四分位—最大值则由 60.866 上升到 2122.282，平均每个节点增大了 62.47，显然前三个层级变化速率无法和最后一个层级即上四分位—最大值相比。因此在 YP 能源企业供应链网络中存在明显的层级性，体现在图 7-3 中前半段陡峭度和后半段平稳度。

YP 能源企业供应链网络中节点接近中心性最小的为 217，最大的为 423，相比介数中心性，接近中心性的每个层级变化波动差别较小，对应着图 7-4 中的整体平稳变化趋势（剔除图中首尾个别节点）。第一个层级上升率为 45% 和第四个层级上升率为 20%，与中间两个层级的上升率 6%、5% 相差较大，这是因为个别节点的作用，使整个接近中心性变化图的"首尾"比较陡峭，当然也说明了接近中心性在 YP 能源企业供应链网络中存在明显的层级性，但是产生层级性的所属层级和介数中心性是不同的，接近中心性主要体现在第一、第四层级和第二、第三层级，而介数中心性在第一、第二、第三层级和第四层级之间。YP 能源企业供应链网络中节点企业的介数中心性所表现出的层级性说明了大部分信任度高的企业具有较高的介数中心性，大部分信任度低的企业具有较低的介数中心性。这表明了信任度高的企业是所有最短信任路径经过频率较高的企业，信任度低的企业是所有最短信任路径经过频率较低的企业，而且想由信任度低变为信任度高是相当困难的。而接近中心性的层级性则说明了信任度高的企业不受其他节点控制的能力较强，信任度较低的企业很容易提高信任度，但是要变为信任度高的企业就要经过漫长的过程。总而言之，中心性分析说明了 YP 能源企业供应链信任水平较低，尤其是"信任核心枢纽"出现问题的话，很容易造成信任危机。

第四节　YP 能源企业供应链网络信任测度计算

对 YP 能源企业供应链网络的特征性分析说明了目前信任关系分布较为合理，但是整体信任关系非常脆弱，网络中已有信任连接相对较少，即节点企业之间信任关系较为生疏。鉴于此，构建 YP 能源企业供应链网络信任测度是必要的，为 YP 能源企业供应链节点企业的信任管理提供理论依据。YP 能源企业供应链网络共 431 条连边，即目前存在 431 个信任关系，并不存在自环（没有单独的点），而 132 个节点的网络在理论上应有连接边数为 $132×(132-1)/2=$

8646 条，目前已知链接数为 431 条，相应的未知链接数为 8646-431 = 8215 条。选定测试集比例为 10%，训练集比例则为 90%，对测试集和训练集进行一次性划分，在划分的同时需要保证训练集的连通性。测试集中的测试边的数目为 431×10% ≈ 44 条，理论上计算最精确的 AUC 方法是将所有的测试边和不存在的边逐一比较，共需比较次数为 44×8215 = 361460 次。因其计算量庞大，所以选择抽样次数为 100000 次，将独立做 200 次实验，得到 AUC 的平均值和方差进行观察。

在此，特别地提出在进行 YP 能源企业供应链信任测度实验时，在信任度得分、数据集划分和计算评价指标中三个容易忽视的关键点：

第一，测试集和训练集比例的划分后各自集合中的元素是由已知连接构成，元素数量在固定划分比例后是确定的，但是 200 组独立实验划分的测试集和训练集可能是不同的，因为在每次划分时测试集和训练集都是随机划分的。

第二，由于采用的是随机抽样比较，因此本章抽样 100000 次后的精确度计算值也可能是不同的。200 组的独立实验是每次都需要随机抽样 100000 次，最终 AUC 值等于 10000 次抽样 200 组独立实验的平均值。当然，理论上随机抽样次数越多越好。此处容易误解的是上述中最精确的方法是需要比较 361460 次，为什么要选择 100000 次呢？其实不然，361460 次比较是采用逐项遍历地比较，即训练集中元素都需要逐一和测试集中元素相比较，而选择 100000 次是采用随机抽样比较，两者抽样之间存在差异性。

第三，所有算法最后连接边的得分都是在训练集的基础上计算出来的，也就是在训练集和测试集划分后，原网络的连接情况会相应地去掉测试集中的边，只剩下训练集中的边，测试集中的边和不存在连接一样不存在了，预测的时候只可以应用训练集中的信息。

为了使节点企业之间的信任值量化，本章利用上述代码对 YP 能源企业供应链中的节点企业之间的信任进行仿真。

设 LP 算法、Katz 算法中信任传递的衰减参数 α = β = 0.001，RWR 指标中的粒子返回概率 ρ = 0.95，五种计算信任度的算法在 YP 能源企业供应链中预测的 AUC 值平均值和方差如表 7-2 所示。

表 7-2 五种相似性算法预测精确度和方差

算法名称	精确度	方差
共同邻居（CN）	0.7374	0.0093
偏好连接（PA）	0.7593	0.0104

续表

算法名称	精确度	方差
局部路径（LP）	0.7603	0.0090
全部路径（Katz）	0.7465	0.0095
重启的随机游走（RWR）	0.7952	0.0071

由表 7-2 可以得出以下结论：

首先，当单独以五种算法作为测量信任度值的算法时，RWR 算法经评价指标 AUC 算出的精确度为 0.7952 是最高的，说明通过 RWR 算法对 YP 能源企业供应链中节点企业间进行信任预测更符合该网络特征，对于企业间的信任关系预测具有较高的精确性。而且 200 组实验后的平均方差为 0.0071，在五种算法中也是最小的，意味着 200 组独立实验计算的 AUC 值波动幅度最小，进一步说明了 RWR 算法的准确性、可靠性、稳定性。

其次，利用 LP 算法预测效果好于 Katz 算法，在 YP 能源企业供应链网络中考虑局部路径的效果明显好于考虑全部路径，这可能与逻辑上认为的"考虑全局比考虑局部要好"的思维相违背。因为上述中计算出 YP 能源企业供应链网络密度较小，其中成员的交易成本、学习成本等较大，最终导致考虑全部路径不如考虑局部路径的算法精确。LP 算法测算 YP 能源企业供应链信任度的效果是这五种算法中精确度排名第二的算法。

再次，基于局部信息的 PA 算法预测的精确度大于考虑节点信息的 CN 算法的精确度，但是 PA 算法的实验数据方差较大，也就是再次进行实验时可能导致 PA 算法平均精确度值变化较大。

最后，CN 算法在 YP 能源企业供应链中预测信任的效果最差，而且较其他四种算法的精确度有明显的差别。但是不是算法越复杂，所预测的效果就会越好，Katz 算法比 PA 算法、LP 算法要复杂得多，但是其计算结果的精确度却不如 PA 算法和 LP 算法。

在此特别说明的是，表 7-2 中精确度的平均值并不是绝对的，假如再一次进行 200 组独立实验，计算的结果可能会发生改变，但是通过各自方差可知变化浮动不会太大。

通过表 7-2 可知，RWR 算法的精确度最高，因此以 RWR 算法为基准，耦合其他四种算法从而形成新的算法，即将基于重启的随机游走算法与路径相似性算法、局部信息算法分别进行耦合。最后也进行 AUC 精确度的计算，再分别比较耦合后算法的精确度。本书采用的是简单的线性方式，即：

$$T = x \times T^{RWR} + (1-x) T^{QT} \tag{7-1}$$

其中，T^{RWR} 表示 RWR 算法，T^{QT} 表示其他四种算法，参数 $x \in [0, 1]$，当 $x=1$ 时，算法回归到 T^{RWR}，当 $x=0$ 时，算法回归到 T^{QT}。参数 x 在区间 [0.1, 0.95] 以步长为 0.05 递增，分别计算四种耦合算法的精确度结果如表 7-3 所示。

表 7-3 耦合后精确度计算结果

x	（RWR+CN）	（RWR+PA）	（RWR+LP）	（RWR+Katz）
0.1000	0.7696	0.7675	0.7707	0.7979
0.1500	0.7628	0.7744	0.7770	0.7997
0.2000	0.7581	0.7798	0.7808	0.7978
0.2500	0.7557	0.7681	0.7640	0.8014
0.3000	0.7626	0.7783	0.7730	0.7901
0.3500	0.7675	0.7846	0.7806	0.8040
0.4000	0.7773	0.7744	0.7729	0.7951
0.4500	0.7729	0.7841	0.7777	0.7865
0.5000	0.7855	0.7785	0.7754	0.7938
0.5500	0.7700	0.7823	0.7809	0.7838
0.6000	0.7799	0.7844	0.7825	0.7996
0.6500	0.7869	0.7883	0.7882	0.7887
0.7000	0.7840	0.7760	0.7771	0.7915
0.7500	0.7890	0.7845	0.7834	0.7887
0.8000	0.7791	0.7898	0.7907	0.7973
0.8500	0.7833	0.8015	0.8028	0.8048
0.9000	0.7861	0.7904	0.7904	0.8015
0.9500	0.8057	0.8007	0.8001	0.7991

根据表 7-3 中的数据，得出耦合后算法精确度随着参数 x 变化的趋势图，如图 7-5 所示。

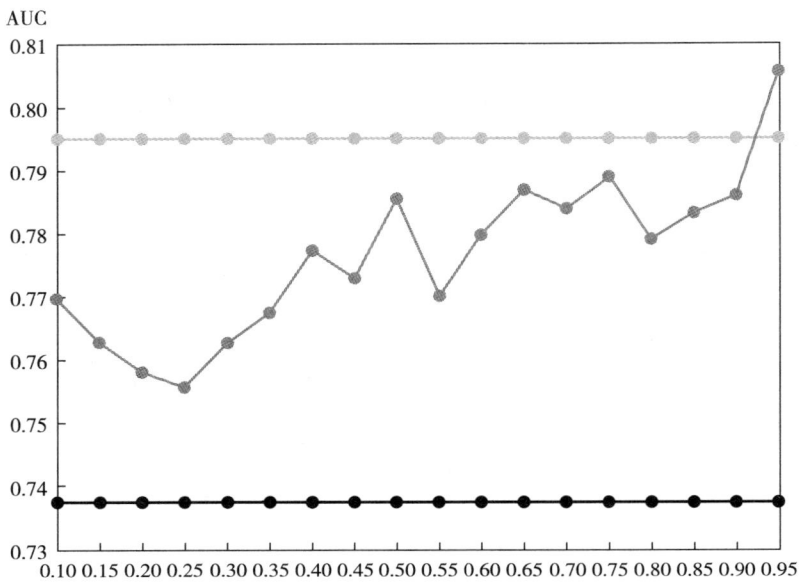

（a）（RWR+CN）耦合算法精确度变化情况

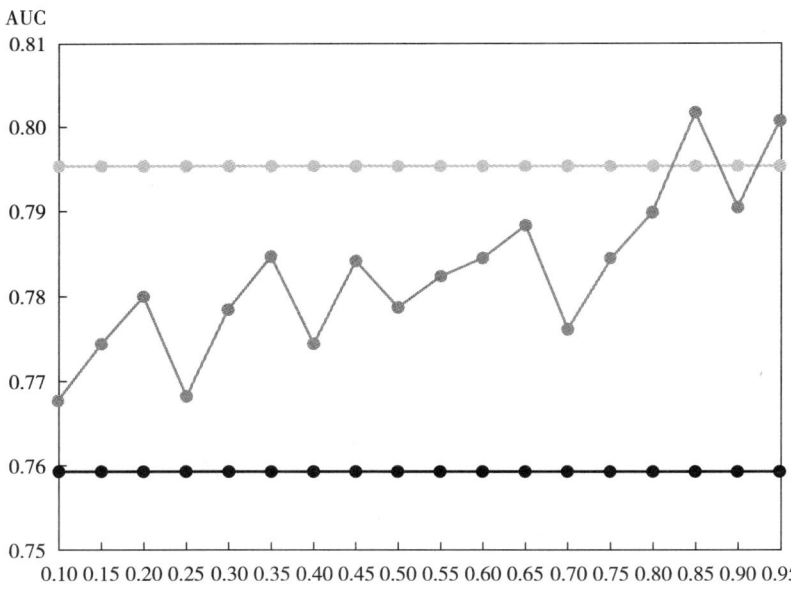

（b）（RWR+PA）耦合算法精确度变化情况

图 7-5　耦合算法精确度随参数变化的情况

第七章　YP能源企业供应链网络实证分析

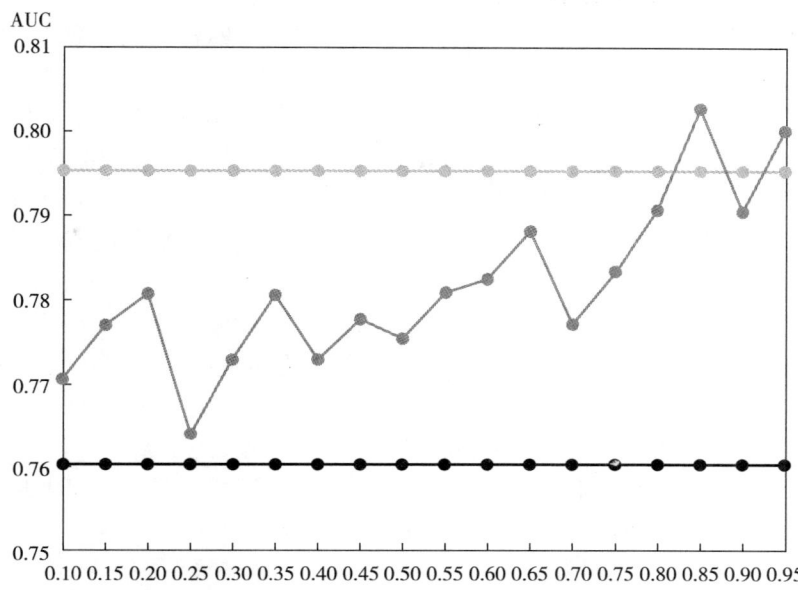

（c）（RWR+LP）耦合算法精确度变化情况

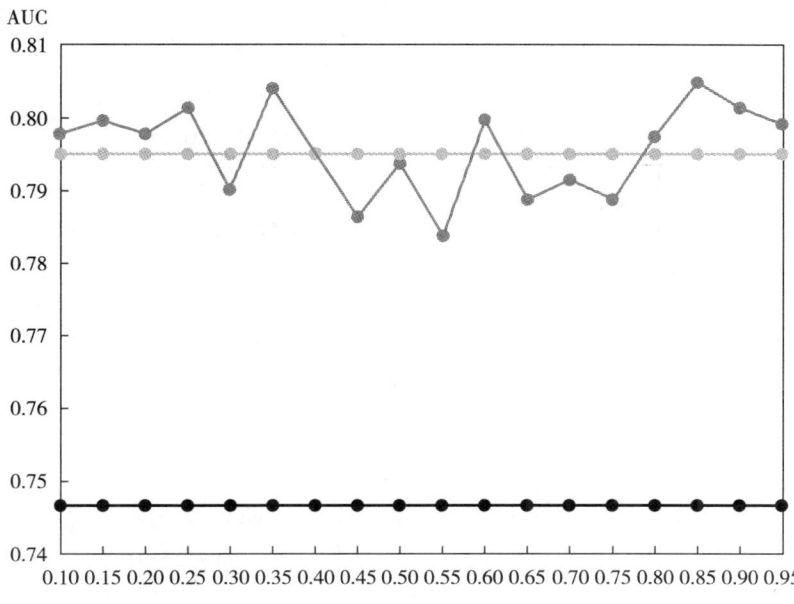

（d）（RWR+Katz）耦合算法精确度变化情况

图7-5　耦合算法精确度随参数变化的情况（续）

图 7-5 中上横线是表示单独运用 RWR 算法计算 YP 能源企业供应链网络节点企业间信任度的精确度，下横线表示单独利用其他四种算法计算 YP 能源企业供应链网络节点企业间信任度的精确度，可以得出以下三点结论：

第一，将 RWR 算法与其他四种算法相互耦合后预测 YP 能源企业供应链网络节点企业间信任连接要比单独考虑其他四种算法效果好（始终处于下横线的上方），同时存在最优参数使得耦合算法预测精确度要高于单独考虑 RWR 算法，而且在耦合 LP 算法时，存在多个参数点使得耦合算法后的精确度要高于单独考虑 RWR 算法。

第二，观察图 7-5（b）和图 7-5（c）可知，RWR 算法分别耦合 PA 算法、LP 算法后精确度变化趋势几乎是相同的。当单独利用 PA 算法、LP 算法时，其精确度也几乎相等，因此可以认为在 YP 能源企业供应链网络链路信任度预测时，PA 算法和 LP 算法是等价的，预测效果是相近的。

第三，当 RWR 算法和 Katz 算法耦合后，其精确度在单独利用 RWR 算法时的精确度上下波动，而 RWR 算法与其他三种算法耦合的整体精确度都是随着参数的增大而增大。说明 RWR 算法和 Katz 算法的耦合算法并不稳定，RWR 算法在 RWR 算法和 Katz 算法耦合过程中所起到的作用是有限的。

为了更为清晰地进一步观察四种耦合算法的预测效果，总结表 7-3 和图 7-5 中的数据于表 7-4 中。

表 7-4　耦合算法预测信任度的精确度对比

耦合算法	最优参数	精确度	提高率（%）（与 RWR 算法相比）	提高率（%）（与耦合对象相比）
（RWR+CN）	0.95	0.8075	1.547	9.506
（RWR+PA）	0.85	0.8015	0.792	5.558
（RWR+LP）	0.85	0.8082	1.300	6.300
（RWR+Katz）	0.85	0.8048	1.207	7.810

从表 7-4 中预测精确度对比得出，耦合算法的最优精确度都比五种单独算法精确度要高，但耦合算法比单独利用 RWR 算法预测精确度 0.7952 略微提高一点，在不同耦合算法下的精确度分别比 RWR 算法预测精确度提高了 1.547%、0.792%、1.300%、1.207%。同时最优参数 x^* 分别为 0.95、0.85、0.85、0.85，说明了 RWR 算法在耦合算法中起到决定性作用，对节点企业间信任连边具有较

为精确的预测效果。尽管相比 RWR 算法其精确度提高不是很明显，但是不可以忽略耦合对象算法在其中起到的作用。

相比单独利用其他四种算法，耦合算法的预测精确度分别提高了 9.506%、5.558%、6.300%、7.810%，其精确度均有显著性提高。耦合算法大幅度提高了耦合中原本精确度较小的算法预测效果，其中帮助 CN 算法提高了接近 10% 的精确度，说明了耦合算法达到了提高算法在 YP 能源企业供应链网络中预测信任连边的目的，也为链路预测中各类算法结合提供了可能性。

第五节 本章小结

通过刻画 YP 能源企业供应链网络拓扑图，结合该能源企业供应链目前遇到的信任问题，分析了其统计特征，说明了整个 YP 能源企业供应链网络信任关系的布局较为合理，平均信任成本是较低的。但是 YP 能源企业供应链信任关系面对随机攻击时具有鲁棒性，而面对蓄意攻击时则表现出脆弱性。同时经过中心性分析，说明了 YP 能源企业供应链信任水平较低，而且整体供应链网络信任关系不成熟，尤其是"信任核心枢纽"出现问题的话，很容易造成信任危机。

针对潜在的信任问题，构建了 YP 能源企业供应链信任测度模型，利用五种算法预测"未知信任"和"未来信任"，并通过评价指标 AUC 计算出算法的精确度，得到单独利用 RWR 算法时 YP 能源企业供应链信任预测最为精确，并利用 RWR 算法耦合其他四种算法得到最佳的耦合组合算法，最佳的预测精确度能够提高到 80.82%，为 YP 能源企业供应链中节点企业信任管理提供了理论依据。

第八章
研究结论与展望

第一节　研究结论

供应链模式能够提高生产运作效率,提高企业效益。信任是供应链企业合作的基础,是供应链高效运作的保障。信任关系的建立能够提高供应链运作效率与服务水平,增强合作伙伴的竞争力。但供应链企业间的信任关系在我国的现状不容乐观,信任危机现象多发。信任危机将影响着供应链的运营,制约着供应链企业的发展,侵害了消费者权益,扰乱了市场交易秩序。为了实现企业长足发展,促进供应链企业合作,推动供应链有效运作,就须对供应链信任进行研究。通过对国内外文献的研究,发现供应链信任在其概念定义、影响因素、建立过程、治理机制等方面获得较多成果,但也存在一些不足,如供应链信任关系未能体现交互性,忽略供应链网络结构对其信任的影响,且在宏观角度和动态方面都有进一步研究的空间。基于国内外文献的研究成果与不足,首先利用复杂网络理论,构建供应链信任网络的演化模型;其次利用博弈学习理论,构建供应链企业间信任演化博弈模型。

一、构建基于度分布的供应链信任网络演化模型

分析供应链网络特性,将供应链网络视为一个复杂交互开放的系统,根据处于完全竞争市场的供应链企业的发展历程,基于复杂网络理论,利用度及度分布的统计特性指标,按照构造网络的优先联结机制,结合供应链信任度的测算方法,设计了供应链信任网络的演化机制,该演化机制包括了新节点的加入,新连边的产生及旧连边的消除,基本囊括了供应链网络的变化过程。同时将网络节点的度的变化过程视为马尔可夫链,并运用马尔可夫链方法,分析了供应链信任网络度分布存在的条件,稳态度分布的表达式,以及其服从

幂律分布的条件，幂律指数的计算公式。最后进行了模拟仿真，仿真结果与理论分析结果基本一致，达到了预期效果，仿真结果显示当构建信任关系的意愿度和供应链网络的吸引力指数满足一定条件时，供应链信任网络可演化为无标度网络，该网络度分布服从幂律分布，该结论与其他学者的研究结论基本一致，供应链网络的度之所以服从幂律分布，是因为供应链网络采用基于度的优先联结机制。

此处供应链信任网络演化模型与以往的研究有两处不同。第一，网络连接机制不同，供应链信任网络不仅考虑了基于度的优先联结机制，还考虑了基于信任度的供应链合作伙伴选择规则，通过控制构建信任关系的意愿度和供应链网络的吸引力指数，令供应链信任网络的度分布服从幂律分布。第二，计算度分布的表达式方式不同，以往文献对于度分布的求解大多是运用属于迭代计算方法的平均场法，得出的都是近似的结果，不够精确，此处采用的是马尔可夫链方法，不仅得出了供应链信任网络的度分布服从幂律分布的条件，并求解出了其幂律分布的表达式。根据供应链信任网络具有的无标度特征，认为通过引导供应链网络中的主导企业采用基于信任度的合作伙伴选择规则，经过机制倒逼，可提高供应链网络的整体信任水平。

二、构建供应链信任演化博弈模型

基于有限理性假设，利用博弈学习理论，结合博弈交互学习的特点，运用离散时间马尔可夫链方法，构建一个能准确刻画供应链企业间信任博弈演化过程的模型。通过引入由交易环境导致的误差项，分别对包含正向误差与包含反向误差的供应链企业间信任博弈进行演化分析，以研究在不同交易环境下博弈的演化路径及演化均衡状态，分析交易环境对供应链信任博弈演化过程和结果的影响。结果表明，在无误差的供应链信任博弈演化中，当博弈到达某一阶段后，供应链交易企业双方每次交易都将采取相同的策略，即信任策略或背叛策略。而在存在误差的供应链信任博弈演化中，正向误差使供应链企业间信任博弈的演化均衡为博弈双方每次博弈都选择信任策略，而反向误差使供应链企业间信任博弈的演化均衡为博弈双方每次博弈都选择背叛策略。供应链信任演化博弈的演化结果与初始状态无关，而演化稳定状态在不同的情形下有不同的结果。在无误差的供应链信任博弈演化中，存在两个演化稳定状态，即信任策略和背叛策略。在存在无向误差的供应链信任博弈演化中，不存在演化稳定状态。但在正向误差的供应链信任博弈演化中，存在演化稳定状态，即信任策略，而在反向误差的供应链信任博弈演化中，也同样存在演化稳定策略，但为背叛策略。

此处供应链信任演化博弈模型与以往的演化博弈研究有两处不同。第一，求解方法有所不同，以往的演化博弈研究大多利用复制动态方程进行演化稳定分析，而此处采用的是马尔可夫链方法进行演化过程分析。第二，引入由交易环境导致的误差项，分别对包含正向误差与包含反向误差的供应链企业间信任博弈进行演化分析，以研究正向误差与反向误差对供应链信任演化均衡的影响。

三、构建信任测度模型

供应链的信任危机问题凸显出信任测度研究的重要性，一般研究信任测度的常用方法是将影响供应链信任的因素结合到模型中，但由于缺乏统一的影响因素标准，不同的模型之间难以定性比较，而链路预测思想对信任测度的建模规避了传统方法的缺陷。本书应用网络结构相似性的链路预测，考虑信任传递的衰减性，并分析复杂网络统计特征和中心性，构建有效的信任度模型，评价测算的结果精确度，并以 YP 能源企业供应链网络进行实证分析。

YP 能源企业供应链网络节点的介数中心性和接近中心性具有不同的层级性，大部分信任度高的企业具有较高的介数中心性，大部分信任度低的企业具有较低的介数中心性。信任度高的企业是所有最短信任路径经过频率较高的企业，信任度低的企业是所有最短信任路径经过频率较低的企业。五种算法单独测算供应链信任度时，RWR 算法预测供应链网络信任的精确度达到 79.52%，预测信任度值效果最好，采用 LP 算法预测效果好于 Katz 算法，意味着在 YP 能源企业供应链网络中考虑局部路径的效果明显好于考虑全部路径。CN 算法预测信任度值的效果最差，而且较其他四种算法的精确度有明显的差别。不是算法越复杂，所得出的信任测度就越精准，其中 Katz 算法理论上比 PA 算法、LP 算法要复杂得多，但是该算法测度结果的精确度却不如 PA 算法和 LP 算法准确。以 RWR 算法为基准进行耦合，四种耦合算法的精确度都高达 80% 以上。RWR 算法在耦合算法中起到主导性作用，同样耦合对象算法在信任度预测所起的作用是不可忽略的。

四、基于信任的新能源汽车供应链协调决策研究

运用博弈论、定量、定性相结合的分析方法，全面分析新能源汽车供应链协调问题，提出基于博弈论知识的政府、企业、消费者三方在新能源汽车供应链协调决策研究中的静态博弈和动态博弈研究，并以广西东风柳汽为案例进行

研究政府补贴在不同的决策方式下对新能源汽车供应链中各行为主体最优值的影响，通过政府与零售商的二维博弈收益矩阵分析得出政府补贴的合理设计，根据具体的分析结果，从政府、企业、消费者三者角度提出合理化建议，促进传统汽车向新能源汽车的平稳过渡。

五、提出供应链信任的治理策略

供应链信任的治理策略可从内部因素和外部因素这两方面提出。第一，基于供应链信任的内部因素所提出的供应链信任的治理策略，基于度分布的供应链信任网络演化模型，其仿真结果表明，在一定的演化机制和演化条件下，供应链信任网络能够演化为具有无标度特征的网络，表现为网络中主导企业的数量占据了全网企业总数较小的部分，而网络中非主导企业的数量则占据了全网企业总数较多的部分。因此从宏观角度，架构具有无标度特征的供应链网络，利用主导企业在供应链网络中的关键作用，引导和鼓励这些主导企业采用基于信任度的合作伙伴选择规则，通过该规则反过来促使供应链网络中的非主导企业通过对其交易满意度的评价，加大信息投入水平等，不断提高其可信任度，以增大与主导企业合作的机会，进而提高供应链信任的整体水平。此外还可监控供应链信任网络的演化进程，当演化偏离期望的演化路径时，可及时调整构建信任关系的意愿度和供应链网络的吸引力指数，以控制供应链信任网络的演化进程，实现供应链信任的治理。

第二，供应链信任演化博弈模型，该模型的分析结果表明，正向误差使供应链企业间信任博弈的演化均衡为博弈双方每次博弈都选择信任策略，而反向误差使供应链企业间信任博弈的演化均衡为博弈双方每次博弈都选择背叛策略。所以外部环境向好可促进企业间的信任，而外部环境变差则会恶化企业间的信任。通过利用或控制外部环境的影响因素，持续地改善或防止恶化外部环境来改善供应链信任。所以供应链信任关系的发展与维护，需要政府相关部门与供应链成员企业一同努力。政府相关部门需创造良好的交易环境，建立健全科学的法律制度，公正地执行司法程序，严格地执法，积极维护市场交易秩序，宣传诚实守信的职业品质，引导交易背叛方积极调整行动策略。同时通过第三方机构建立信任追踪机制，构建信任执行信息数据共享平台，记录供应链成员企业的信任行为执行情况，畅通信息沟通渠道。供应链企业应积极运用法治思维处理企业事务，积极践行诚实守信的价值观，努力创造良好的信任氛围。无论是政府相关部门对交易环境的改善行动，还是供应链企业对可信度的提升行为，都须保有持续性，方可富有成效。

第二节 研究展望

运用复杂网络理论的度分布知识构建供应链信任网络演化模型,以及运用博弈论的演化稳定策略知识构建供应链信任演化博弈模型。这些模型都建立在一定假设前提下,所以模型具有一定的适应范围,因此在模型的构建和分析上都有待改进之处。

一、增强供应链信任网络演化模型的普遍适用性

供应链企业处于完全竞争市场,其可自由进出供应链网络。而实际的市场大多不是完全竞争市场,供应链企业所处的市场都具有进入壁垒,因此如何在供应链信任网络演化模型中体现市场进入壁垒是需要思考的问题。

二、提供供应链信任水平提升的支撑数据

供应链信任水平可通过无标度的供应链网络来提升,但供应链信任影响因素通过网络结构对供应链网络整体信任水平的影响程度的大小则没能体现,所以可构建含权的供应链信任网络,以观察供应链信任的影响因素对供应链信任水平的影响作用。

三、扩展供应链信任演化博弈中的博弈方数量

本书所构建的博弈模型为两主体博弈模型,但在实际的供应链网络中更多的是多人博弈,所以可构建包含多个博弈方的供应链信任演化博弈模型,以研究采取信任策略的供应链企业在整个供应链网络中的比重,从而分析出供应链网络的信任情况。

附录一

数据集划分的 Matlab 代码

```matlab
function [train, test] = DivideNet(net, ratioTrain)
%%划分训练集和测试集,保证训练集连通
num_testlinks = ceil((1-ratioTrain)×nnz(net)/2);
%确定测试集的边数目
[xindex, yindex] = find(tril(net));
linklist = [xindex yindex];
%将网络(邻接矩阵)中所有的边找出来,存入 linklist
clear xindex yindex;
%为每条边设置标志位,判断是否能删除
test = sparse(size(net, 1), size(net, 2));
while(nnz(test) < num_testlinks)
%----随机选择一条边
index_link = ceil(rand(1)×length(linklist));
uid1 = linklist(index_link, 1);
uid2 = linklist(index_link, 2);
%----判断所选边两端节点 uid1 与 uid2 是否可达,若可达则放入测试集,否则重新选边
net(uid1, uid2) = 0; net(uid2, uid1) = 0;
%将这条边从网络中挖去用以判断挖掉后的网络是否连通
tempvector = net(uid1, :);
%取出 uid1 一步可达的点,构建成一维向量
sign = 0;
%标记此边是否可以被移除,sign = 0 表示不可; sign = 1 表示可以
uid1TOuid2 = tempvector×net+tempvector;
if uid1TOuid2(uid2) > 0
```

```
sign = 1;
else
    while（nnz（spones（uid1Touid2）-tempvector）~=0）
        %直到可达的点到达稳定状态，仍然不能到达 uid2，此边就不能被删除
        tempvector = spones（uidTouid2）;
        uidTouid2 = tempvector×net+tempvector;
        %此步的 uid1TO uid2 表示 K 步内可达的点
        if uid1Touid2（uid2）>0
            sign = 1;
            break;
        end
    end
end
%结束-判断 uidl 是否可达 uid2
%----若此边可删除，则将之放入测试集中，并将此边从 linklist 中移除
if sign==1% 此边可以删除
    linklist（index_ link,:）=[];
    test（uid1,uid2）=1;
else
    linklist（index_ link,:）=[];
    net（uid1,uid2）=1;
    net（uid1,uid2）=1;
end
%结束-判断此边是否可以删除并做相应处理
end
%结束（while）—测试集中的边选取完毕
train = net; test = test+test';
%返回为训练集和测试集
End
```

附录二

AUC 计算的 Matlab 代码

```
function [auc] = CalcAUC(train, test, sim, n)
%%计算 AUC, 输入计算的信任度矩阵 sim
sim = triu(sim-sim.*train);
%只保留测试集和不存在边集合中的边的信任度（自环除外）
non = 1-train-test-eye(max(size(train, 1), size(train, 2)));
test = triu(test);
non = triu(non);
%分别取测试集和不存在边集合的上三角矩阵，用以取出它们对应的信任度分值
test_num = nnz(test);
non_num = nnz(non);
test_rd = ceil(test_num*rand(1, n));
%ceil 是取大于等于的最小整数，n 为抽样比较的次数
non_rd = ceil(non_num*rand(1, n));
test_pre = sim.*test;
non_pre = sim.*non;
test_data = test_pre(test==1)';
%行向量, test 集合存在的边的预测值
non_data = non_pre(non==1)';
%行向量, nonexie 集合存在的边的预测值
test_rd = test_data(test rd);
non_rd = non_data(non rd);
clear test data non data;
```

```
n1 = length ( find ( test_ rd>non_ rd ) );
n2 = length ( find ( test_ rd = = non_ rd ) );
auc = ( n1+0.5×n2 ) /n;
end
```

附录三

YP能源供应链网络中节点企业间连接情况

企业编号	相连企业编号	企业编号	相连企业编号	企业编号	相连企业编号
1	2, 3, 4, 5, 6, 7, 8, 11, 14, 16, 17, 20, 24, 27, 29, 32, 33, 40, 41, 42, 44, 45, 49, 53, 58, 59, 62, 63, 64, 65, 68, 75, 91, 92, 101, 112, 119, 121, 128	45	1, 5, 18, 36, 47, 55, 64, 95, 105, 131	89	2, 36, 57
2	1, 3, 4, 5, 6, 7, 8, 10, 12, 13, 15, 16, 18, 20, 23, 25, 26, 31, 37, 38, 42, 44, 46, 49, 52, 54, 56, 58, 59, 62, 64, 66, 69, 76, 78, 81, 83, 85, 87, 88, 89, 90, 91, 98, 100, 115, 117, 120, 126	46	2, 11, 19, 28	90	2, 6, 10, 91
3	1, 2, 4, 5, 6, 7, 8, 10, 11, 16, 21, 22, 24, 27, 28, 29, 37, 38, 39, 43, 78, 80, 88, 102, 110, 114, 113, 127, 132	47	16, 28, 45, 123	91	1, 2, 7, 39, 90, 108
4	1, 2, 3, 5, 6, 7, 8, 11, 14, 16, 25, 28, 30, 31, 42, 51, 52, 71, 72, 77, 78, 87, 94, 100, 121, 129	48	6, 10, 36	92	1, 9, 24, 39

续表

企业编号	相连企业编号	企业编号	相连企业编号	企业编号	相连企业编号
5	1, 2, 3, 4, 6, 7, 8, 9, 12, 18, 19, 20, 22, 25, 26, 29, 35, 37, 44, 45, 49, 50, 51, 60, 63, 67, 73, 83, 113, 124	49	1, 2, 5, 33	93	7, 39, 55
6	1, 2, 3, 4, 5, 7, 8, 9, 14, 23, 37, 38, 40, 48, 66, 90, 97, 100, 112	50	5, 21, 24, 71, 79, 124	94	4, 58, 61
7	1, 2, 3, 4, 5, 6, 8, 9, 10, 12, 14, 15, 19, 26, 34, 56, 61, 65, 78, 79, 91, 93, 101, 102, 104, 106, 110, 119, 120, 125	51	4, 5, 59, 129	95	42, 44, 45
8	1, 2, 3, 4, 5, 6, 7, 17, 21, 31, 36, 39, 40, 42, 54, 66, 75, 76, 80, 100, 104, 120, 126, 127	52	2, 4, 18	96	55, 56, 68, 114
9	5, 6, 7, 10, 24, 28, 41, 92, 113	53	1, 43, 66	97	6, 19, 28, 60
10	2, 3, 7, 9, 13, 33, 48, 86, 90, 109, 130	54	2, 8, 13, 38, 65, 105, 107,	98	2, 32
11	1, 3, 4, 30, 34, 35, 41, 46, 63, 81, 84, 99, 109, 111	55	16, 32, 45, 59, 60, 73, 79, 82, 93, 96, 99	99	11, 32, 55
12	2, 5, 7, 13, 81, 85	56	2, 7, 21, 96	100	2, 4, 6, 8
13	2, 10, 12, 32, 42, 54, 118, 130	57	26, 30, 37, 89, 115	101	1, 7, 36, 79

附录三　YP能源供应链网络中节点企业间连接情况

续表

企业编号	相连企业编号	企业编号	相连企业编号	企业编号	相连企业编号
14	1, 4, 6, 7, 19, 21, 83, 115, 119, 130	58	1, 2, 17, 94	102	3, 7, 32
15	2, 7	59	1, 2, 42, 51, 55, 103	103	17, 59, 110
16	1, 2, 3, 4, 17, 18, 26, 43, 47, 55, 71, 107	60	5, 37, 55, 72, 74, 83, 97, 132	104	7, 8, 30
17	1, 8, 16, 58, 74, 103, 106, 122	61	7, 30, 32, 74, 94	105	45, 54, 62
18	2, 5, 16, 32, 45, 52, 71	62	1, 2, 20, 105	106	7, 17, 80, 122
19	5, 7, 14, 46, 69, 87, 97, 116, 121	63	1, 5, 11, 24, 32,	107	16, 54, 77, 118
20	1, 2, 5, 36, 62	64	1, 2, 38, 45, 67	108	26, 32, 91
21	3, 8, 14, 34, 50, 56, 75	65	1, 7, 41, 54, 112	109	10, 11, 44
22	3, 5, 29, 116	66	2, 6, 8, 53	110	3, 7, 103
23	2, 6, 68, 82, 86, 114, 116	67	5, 30, 64	111	11, 37, 118, 125, 127
24	1, 3, 9, 35, 36, 44, 50, 63, 92, 112	68	1, 23, 25, 96	112	1, 6, 24, 65
25	2, 4, 5, 68, 120	69	2, 19, 72, 115	113	3, 5, 9
26	2, 5, 7, 16, 30, 33, 57, 108	70	28, 29, 30, 34, 77, 82, 123, 126	114	3, 23, 96, 122, 131
27	1, 3, 130	71	4, 16, 18, 50	115	2, 14, 57, 69, 131
28	3, 4, 9, 39, 46, 47, 70, 97	72	4, 35, 60, 69, 85	116	2, 19, 23
29	1, 3, 5, 22, 70	73	5, 33, 55, 86	117	2, 38
30	4, 11, 26, 57, 61, 67, 70, 104	74	17, 60, 61	118	13, 107, 111
31	2, 4, 8, 40, 77, 84	75	1, 8, 21, 128	119	1, 7, 14

续表

企业编号	相连企业编号	企业编号	相连企业编号	企业编号	相连企业编号
32	1, 13, 18, 43, 55, 61, 63, 76, 98, 99, 102, 108	76	2, 8, 32, 43, 88	120	2, 7, 8, 25
33	1, 10, 26, 41, 49, 73	77	4, 31, 70, 107, 128	121	1, 4, 19
34	7, 11, 21, 70	78	2, 3, 4, 7, 87, 124	122	17, 106, 114
35	5, 11, 24, 72	79	7, 50, 55, 101	123	41, 47, 70
36	8, 20, 24, 45, 48, 80, 89, 101	80	3, 8, 36, 106	124	5, 50, 78
37	2, 3, 5, 6, 57, 60, 111	81	2, 11, 12, 38	125	7, 44, 111, 126
38	2, 3, 6, 54, 64, 81, 88, 117	82	23, 55, 70	126	2, 8, 70, 125
39	3, 8, 28, 91, 92, 93	83	2, 5, 14, 60	127	3, 8, 111
40	1, 6, 8, 31	84	11, 31, 42	128	1, 75, 77
41	1, 9, 11, 33, 65, 123	85	2, 12, 72	129	4, 44, 51
42	1, 2, 4, 8, 13, 59, 84, 95	86	10, 23, 73	130	10, 13, 14, 27
43	3, 16, 32, 53, 76	87	2, 4, 19, 78	131	45, 114, 115, 132
44	1, 2, 5, 24, 95, 109, 125, 129	88	2, 3, 38, 76	132	3, 60, 132

附录四
介数中心性和接近中心性值

企业编号	介数中心性值	接近中心性值	企业编号	介数中心性值	接近中心性值	企业编号	介数中心性值	接近中心性值
1	1517.577	228	45	223.466	305	89	18.635	337
2	2122.282	217	46	20.406	322	90	2.767	332
3	960.943	240	47	34.823	371	91	58.708	302
4	744.427	248	48	6.476	368	92	6.596	345
5	930.590	242	49	6.950	307	93	11.404	350
6	341.541	260	50	28.400	347	94	6.449	367
7	998.312	242	51	11.053	342	95	4.937	383
8	529.659	252	52	1.104	331	96	15.308	381
9	67.340	311	53	7.644	353	97	12.412	363
10	218.593	293	54	87.125	318	98	3.686	336
11	330.216	290	55	200.806	326	99	9.264	372
12	30.955	307	56	52.144	319	100	0.000	317
13	133.895	315	57	17.139	375	101	14.886	327
14	106.999	294	58	27.607	312	102	5.143	336
15	0.000	329	59	92.414	302	103	5.542	395
16	282.992	272	60	100.468	335	104	6.395	343
17	182.389	319	61	55.197	343	105	4.952	394
18	42.366	308	62	31.575	316	106	31.499	357
19	101.703	325	63	10.816	315	107	29.621	378

续表

企业编号	介数中心性值	接近中心性值	企业编号	介数中心性值	接近中心性值	企业编号	介数中心性值	接近中心性值
20	14.960	302	64	29.972	309	108	3.836	389
21	41.089	331	65	21.131	326	109	6.337	372
22	31.309	339	66	14.608	326	110	30.655	344
23	169.125	319	67	6.984	358	111	42.230	369
24	75.123	315	68	33.367	342	112	3.379	338
25	20.825	315	69	16.421	333	113	1.000	342
26	117.810	295	70	93.230	357	114	74.177	348
27	17.057	333	71	9.543	351	115	57.317	330
28	83.658	326	72	24.560	355	116	6.702	399
29	40.043	311	73	34.065	348	117	0.000	346
30	91.764	337	74	10.307	392	118	10.065	418
31	48.707	314	75	8.085	338	119	0.000	331
32	176.835	315	76	19.172	322	120	3.575	318
33	28.922	334	77	37.433	357	121	5.194	335
34	24.847	341	78	32.412	300	122	6.977	412
35	14.399	348	79	19.364	346	123	7.999	423
36	54.340	339	80	13.241	344	124	2.128	364
37	101.735	298	81	8.518	332	125	23.873	350
38	31.380	311	82	19.310	386	126	44.997	322
39	28.935	335	83	12.351	319	127	14.452	348
40	3.253	329	84	3.857	386	128	9.927	349
41	79.790	330	85	8.348	341	129	2.371	369
42	109.104	294	86	7.163	392	130	8.761	374
43	18.056	344	87	5.569	328	131	20.589	382
44	131.747	297	88	2.339	325	132	17.702	355

参考文献

[1] Abdul-Rahman A., Hailes S. Supporting trust in virtual communities [C]. Proceedings of the 33rd Annual Hawaii International Conference on System Sciences, 2000.

[2] Aberer K., Despotovic Z. Managing trust in a peer-2-peer information system [C]. Proceedings of the 10th International Conference on Information and Knowledge Management. ACM, 2001: 310-317.

[3] Akanle O. M., Zhang D. Z. Agent-based model for optimising supply-chain configurations [J]. International Journal of Production Economics, 2008, 115 (2): 444-460.

[4] Alvarez G., Pilbeam C., Wilding R. Nestlé Nespresso AAA sustainable quality program: An investigation into the governance dynamics in a multi-stakeholder supply chain network [J]. Supply Chain Management, 2010, 15 (2): 165-182.

[5] Amaral L. A. N., Scala A., Barthelemy M., et al. Classes of small-world networks [J]. Proceedings of the National Academy of Sciences, 2000, 97 (21): 11149-11152.

[6] Ayadi O., Cheikhrouhou N., Masmoudi F. A decision support system assessing the trust level in supply chains based on information sharing dimensions [J]. Computers and Industrial Engineering, 2013, 66 (2): 242-257.

[7] Barabási A., Albert R. Emergence of scallying in random network [J]. Science, 1999 (5439): 509-512.

[8] Bernard H. R., Shelley G. A. Studying social relations cross-culturally [J]. Ethnology, 1988, 27 (27): 155-180.

[9] Bharadwaj K. K., Al-Shamri M. Y. H. Fuzzy computational models for trust and reputation systems [J]. Electronic Commerce Research and Applications, 2009, 8 (1): 37-47.

[10] Cai S., Goh M., De Souza R., et al. Knowledge sharing in collaborative supply chains: Twin effects of trust and power [J]. International Journal of Production

Research, 2013, 51 (7): 2060-2076.

[11] Canavari M., Fritz M., Hofstede G. J., et al. The role of trust in the transition from traditional to electronic B2B relationships in agri-food chains [J]. Computers and Electronics in Agriculture, 2010, 70 (2): 321-327.

[12] Capaldo A., Giannoccaro I. How does trust affect performance in the supply chain? The moderating role of interdependence [J]. International Journal of Production Economics, 2015, 166 (166): 36-49.

[13] Chang L., Ouzrout Y., Nongaillard A., et al. Multi-criteria decision making based on trust and reputation in supply chain [J]. International Journal of Production Economics, 2014, 147 (1): 362-372.

[14] Chen J. V., Yen D. C., Rajkumar T. M., et al. The antecedent factors on trust and commitment in supply chain relationships [J]. Computer Standards and Interfaces, 2011, 33 (3): 262-270.

[15] Clauset A., Moore C., Newman M. E. J. Hierarchical structure and the prediction of missing links in networks [J]. Nature, 2008, 453 (7191): 98-101.

[16] Almeida M. M. K., Marins F. A. S., Salgado A. M. P., et al. Mitigation of the bullwhip effect considering trust and collaboration in supply chain management: A literature review [J]. The International Journal of Advanced Manufacturing Technology, 2015, 77 (1-4): 495-513.

[17] Dorogovtsev S. N. Clustering of correlated networks [J]. Physical Review E, 2004, 69 (2): 027104.

[18] Dou W., Wang H. M., Jia Y., et al. A recommendation-based peer-to-peer trust model [J]. Journal of Software, 2004, 15 (4): 571-583.

[19] Ebrahim-Khanjari N., Hopp W., Iravani S. M. R. Trust and information sharing in supply chains [J]. Production and Operations Management, 2012, 21 (3): 444-464.

[20] Erdos P. On the evolution of random graphs [J]. Publications of the Mathematical Institute of the Hungarian Academy of Sciences, 1960 (5): 17-61.

[21] Erdös P., Rényi A. On random graphs [J]. Publicationes Mathematicae, 1959 (4): 3286-3291.

[22] Erdös P., Rényi A. On the strength of connectedness of a random graph [J]. Acta Mathematica Scinetia Hungarica, 1961, 12 (1): 261-267.

[23] Fawcett S. E., Jones S. L., Fawcett A. M. Supply chain trust: The catalyst for collaborative innovation [J]. Business Horizons, 2012, 55 (2): 163-178.

参考文献

[24] Fawcett T. An introduction to ROC analysis [J]. Pattern Recognition Letters, 2006, 27 (8): 861-874.

[25] Fu X., Dong M., Liu S., et al. Trust based decisions in supply chains with an agent [J]. Decision Support Systems, 2016 (82): 35-46.

[26] Galaskiewicz J. Studying supply chains from a social network perspective [J]. Journal of Supply Chain Management, 2011, 47 (1): 4-8.

[27] Gan Z., He J., Ding Q., et al. Trust relationship modelling in e-commerce-based social network [C]. 2009 International Conference on Computational Intelligence and Security. IEEE, 2009 (1): 206-210.

[28] Garvey M. D., Carnovale S., Yeniyurt S. An analytical framework for supply network risk propagation: A Bayesian network approach [J]. European Journal of Operational Research, 2015, 243 (2): 618-627.

[29] Getoor L, Diehl C P. Link mining: A survey [J]. ACM SIGKDD Explorations Newsletter, 2005, 7 (2): 3-12.

[30] Giannakis M., Louis M. A multi-agent based framework for supply chain risk management [J]. Journal of Purchasing and Supply Management, 2011, 17 (1): 23-31.

[31] Giannoccaro I. Assessing the influence of the organization in the supply chain management using NK simulation [J]. International Journal of Production Economics, 2011, 131 (1): 263-272.

[32] Golbeck J, Hendler J. Accuracy of metrics for inferring trust and reputation in semantic web-based social networks [C]. International conference on knowledge engineering and knowledge management. Springer, Berlin, Heidelberg, 2004: 116-131.

[33] Granovetter M. S. The strength of weak ties [J]. American Journal of Sociology, 1973, 78 (6): 1360-1380.

[34] Handfield R. B., Bechtel C. The role of trust and relationship structure in improving supply chain responsiveness [J]. Industrial Marketing Management, 2002, 31 (4): 367-382.

[35] Han G. H., Dong M. Trust-embedded coordination in supply chain information sharing [J]. International Journal of Production Research, 2015, 53 (18): 5624-5639.

[36] Hanley J. A., McNeil B. J. The meaning and use of the area under a receiver operating characteristic (ROC) curve [J]. Radiology, 1982, 143 (1): 29-36.

[37] Hemmert M., Kim D. S., Kim J., et al. Building the supplier's trust: Role of institutional forces and buyer firm practices [J]. International Journal of Production Economics, 2016 (180): 25-37.

[38] Herlocker J. L., Konstann J. A., Terveen K., et al. Evaluating collaborative filtering recommender systems [J]. ACM Transactions on Information Systems, 2004, 22 (1): 35-53.

[39] Hou Y. Z., Xiong Y., Wang X. L., et al. The effects of a trust mechanism on a dynamic supply chain network [J]. Expert Systems with Applications, 2014, 41 (6): 3060-3068.

[40] Huang J., Xiao T. J., Sheng Z. H., et al. Modeling an evolving complex supply network [J]. Journal of Systems Science and Information, 2007, 5 (4): 327-338.

[41] Huynh T. D., Jennings N. R., Shadbolt N. R. Developing an integrated trust and reputation model for open multi-agent systems [J]. Autonomous Agents and Multi-Agent Systems, 2006, 13 (2): 119-154.

[42] Ireland R. D., Webb J. W. A multi-theoretic perspective on trust and power in strategic supply chains [J]. Journal of Operations Management, 2007, 25 (2): 482-497.

[43] Jøsang A., Ismail R. The beta reputation system [C]. 15th Bled Electronic Commerce, 2002 (6): 2502-2511.

[44] Kamvar S. D., Schlosser M. T., Garcia-Molina H. The eigen trust algorithm for reputation management in P2P networks [C]. Proceedings of the 12th International Conference on World Wide Web. ACM, 2003: 640-651.

[45] Kellar G. M., Polak G. G., Zhang X. H. Synchronization, cross-docking, and decoupling in supply chain networks [J]. International Journal of Production Research, 2016, 54 (9): 2585-2599.

[46] Khosravifar B., Bentahar J., Gomrokchi M., et al. CRM: An efficient trust and reputation model for agent computing [J]. Knowledge-Based Systems, 2012, 30 (2): 1-16.

[47] Kolaczyk E. E. Some implications of path-based sampling on the Internet [A]. Proceedings of a Workshop on Statistics of Networks [C]. Washington: National Academies Press, 2007: 207-226.

[48] Kossinets G. Effects of missing data in social networks [J]. Social Networks, 2006, 28 (3): 247-268.

[49] Laeequddin M., Sahay B. S., Sahay V., et al. Measuring trust in supply

chain partners' relationships [J]. Measuring Business Excellence, 2010, 14 (3): 53-69.

[50] Lee H. L., Billington C. Managing supply chain inventory: Pitfalls and opportunities [J]. Solan Management Review, 1992, 33 (3): 65-73.

[51] Leicht E. A., Holme P., Newman M. E. J. Vertex similarity in networks [J]. Physical Review E, 2006, 73 (2): 026120.

[52] Liben-Nowell D., Kleinberg J. The link prediction problem for social networks [J]. Journal of the American Society for Infoemation Science and Technology, 2007, 58 (7): 1019-1031.

[53] Li H., Sun J., Wu J., et al. Supply chain trust diagnosis (SCTD) using inductive case-based reasoning ensemble (ICBRE): The case of general competence trust diagnosis [J]. Applied Soft Computing, 2012, 12 (8): 2312-2321.

[54] Li J., Zheng X., Wu Y., et al. A computational trust model in C2C e-commerce environment [C] //IEEE International Conference on E-Business Engineering. IEEE Computer Society, 2010: 244-249.

[55] Lü L, Zhou T. Link prediction in complex networks: A survey [J]. Physica A: Statistical Mechanics and its Applications, 2011, 390 (6): 1150-1170.

[56] Long Q. Q. Three-dimensional-flow model of agent-based computational experiment for complex supply network evolution [J]. Expert Systems with Applications, 2015, 42 (5): 2525-2537.

[57] Marsh S. P. Formalising trust as a computational concept [J]. University of Stirling, 1994.

[58] Meqdadi O., Johnsen T. E., Johnsen R. E. The role of power and trust in spreading sustainability initiatives across supply networks: A case study in the biochemical industry [J]. Industrial Marketing Management, 2017 (62): 61-76.

[59] Michalski M., Yurov K. M., Botella J. L. M. Trust and IT innovation in asymmetric environments of the supply chain management process [J]. Journal of Computer Information Systems, 2014, 54 (3): 10-24.

[60] Nan X., Luo W., Yao G. Study on the model of collaboration trust in supply chain based on ontology [C]. International Conference on Future Information Technology and Management Engineering. IEEE, 2010 (3): 13-16.

[61] Nav H. N., Motlagh M. R. J, Makui A. Robust controlling of chaotic behavior in supply chain networks [J]. Journal of the Operational Research Society, 2017, 68 (6): 711-724.

[62] Newman M. E. J. Clustering and preferential attachment in growing networks [J]. Physical Review E, 2001, 64 (2): 025102.

[63] Newman M. E. J. The structure of scientific collaboration networks [J]. Proceedings of the National Academy of Sciences, 2001, 98 (2): 404-409.

[64] Newman M. E. J., Watts D. J. Scaling and percolation in the small-world network model [J]. Physical Review E, 1999, 60 (6): 7332-7342.

[65] Ojha D., Shockley J., Acharya C. Supply chain organizational infrastructure for promoting entrepreneurial emphasis and innovativeness: The role of trust and learning [J]. International Journal of Production Economics, 2016, 179 (1): 212-227.

[66] O'Madadhain J., Hutchins J., Smyth P. Prediction and ranking algorithms for event-based network data [J]. Acm Sigkdd Explorations Newsletter, 2005, 7 (2): 23-30.

[67] Pan Y., Li D. H., Liu J. G., et al. Detecting community structure in complex networks via node similarity [J]. Physica A: Statistical Mechanics and its Applications, 2010, 389 (14): 2849-2857.

[68] Papadopoulos T., Gunasekaran A., Dubey R., et al. The role of big data in explaining disaster resilience in supply chains for sustainability [J]. Journal of Cleaner Production, 2017, 142 (1): 1108-1118.

[69] Paterson I., Maguire H., Al-Hakim L. Analysing trust as a means of improving the effectiveness of the virtual supply chain [J]. International Journal of Networking and Virtual Organisations, 2008, 5 (3-4): 325-348.

[70] Pathak S. D., Day J. M., Nair A., et al. Complexity and adaptivity in supply networks: Building supply network theory using a complex adaptive systems perspective [J]. Decision Sciences, 2007, 38 (4): 547-580.

[71] Pezeshki Y., Baboli A., Cheikhrouhou N., et al. A rewarding-punishing coordination mechanism based on trust in a divergent supply chain [J]. European Journal of Operational Research, 2013, 230 (3): 527-538.

[72] Poppo L., Zhou K. Z., Li J J. When can you trust "trust"? Calculative trust, relational trust, and supplier performance [J]. Strategic Management Journal, 2016, 37 (4): 724-741.

[73] Ren X. Z., Yang Z., Wang B. H., et al. Mandelbrot law of evolving networks [J]. Chinese Physics Letters, 2011, 29 (3): 38904-38907.

[74] Resnick P., Zeckhauser R. Trust among strangers in internet transactions: Empirical analysis of eBay's reputation system [J]. Advances in Applied Microeco-

nomics, 2002, 11 (2): 127-157.

[75] Roger G., Marta S. P. Missing and spurious interactions and the reconstruction of complex networks [J]. Proceedings of the National Academy of Sciences of the United States of America, 2009, 106 (52): 22073-22078.

[76] Sabater J, Sierra C. Regret: A reputation model for gregarious societies [C]. Fourth Workshop on Deception Fraud and Trust in Agent Societies, 2001: 61-70.

[77] Sabater J., Sierra C. Regret: Reputation in gregarious societies [C]. Agents, 2001 (1): 194-195.

[78] Sabater-Mir J., Paolucci M. On representation and aggregation of social evaluations in computational trust and reputation models [J]. International Journal of Approximate Reasoning, 2007, 46 (3): 458-483.

[79] Ramchurn S. D., Sierra C., Jenning N. R. Devising a trust model for multi-agent interactions using confidence and reputation [J]. International Journal of Applied Artificial Intelligence, 2003, 18 (10): 833-852.

[80] Soffer S N, Vazquez A. Network clustering coefficient without degree-correlation biases [J]. Physical Review E, 2005, 71 (5): 057101.

[81] Song S., Hwang K., Zhou R., et al. Trusted P2P transactions with fuzzy reputation aggregation [J]. IEEE Internet Computing, 2005, 9 (6): 24-34.

[82] Stevens G. Integrating the supply chain [J]. International Journal of Physical Distribution and Materials Management, 1989, 19 (8): 3-8.

[83] Strogatz S. H. Exploring complex networks [J]. Nature, 2001, 410 (6825): 268-276.

[84] Surana A., Kumara S., Greaves M., et al. Supply-chain networks: A complex adaptive systems perspective [J]. International Journal of Production Research, 2005, 43 (20): 4235-4265.

[85] Swaminathan J. M., Smith S. F., Sadeh N. M. Modeling supply chain dynamics: A multiagent approach [J]. Decision Science, 1998, 29 (3): 607-632.

[86] Tajeddine A., Kayssi A., Chehab A., et al. Fuzzy reputation-based trust model [J]. Applied Soft Computing, 2011, 11 (1): 345-355.

[87] Talamini E., Ferreira G. M. V. Merging netchain and social network: Introducing the "social netchain" concept as an analytical framework in the agribusiness sector [J]. African Journal of Business Management, 2010, 4 (13): 2981-2993.

[88] Tatham P., Kovács G. The application of "swift trust" to humanitarian logistics [J]. International Journal of Production Economics, 2010, 126 (1): 35-45.

[89] Terpend R., Ashenbaum B. The intersection of power, trust and supplier network size: Implications for supplier performance [J]. Journal of Supply Chain Management, 2012, 48 (3): 52-77.

[90] TKaihara T. Multi-agent based supply chain modelling with dynamic environment [J]. International Journal of Production Economics, 2003, 85 (2): 263-269.

[91] Travers J., Milgram S. An experimental study of the small world problem [J]. Sociometry, 1969 (32): 425-443.

[92] Tsai J. M., Hung S. W. Supply chain relationship quality and performance in technological turbulence: An artificial neural network approach [J]. International Journal of Production Research, 2016, 54 (9): 2757-2770.

[93] Wang J., Li M., Yu Y., et al. A dynamic self-adaptive trust model for P2P E-commerce system [C] //IEEE International Conference on Computational Science and Engineering. IEEE, 2010: 415-420.

[94] Wang L., Zhang Z. Y. Study on the trust degree of supply chain [C] //International Conference on Wireless Communications, Networking and Mobile Computing. IEEE, 2008: 1-4.

[95] Wang Y., Cahill V., Gray E., et al. Bayesian network based trust management [C]. Lecture Notes in Computer Science. Springer, Berlin, Heidelberg, 2006: 246-257.

[96] Wang Y., Vassileva J. Trust and reputation model in peer-to-peer networks [C]. Peer-to-Peer Computing, Proceedings International Conference on. IEEE Compiter Socicty, 2003: 150-157.

[97] Watts D. J., Strogatz S. H. Collective dynamics of "small-world" networks [J]. Nature, 1998, 393 (6684): 440-442.

[98] Wei Y., Wang H., Chen F. Exploring the impact of network structure and demand collaboration on the dynamics of a supply chain network using a robust control approach [J]. Mathematical Problems in Engineering, 2015: 1-14.

[99] Wilson A. M., Withall E., Coveney J., et al. A model for (re) building consumer trust in the food system [J]. Health Promotion International, 2017, 32 (6): 988-1000.

[100] Xiong L., Liu L. Peertrust: Supporting reputation-based trust for peer-to-peer electronic communities [J]. IEEE Transactions on Knowledge and Data Engineering, 2004, 16 (7): 843-857.

[101] Xu N. R., Liu J. B., Li D. X., et al. Research on evolutionary mechanism

of agile supply chain network via complex network theory [J]. Mathematical Problems in Engineering, 2016: 1-9.

[102] Yu B, Singh M. P., Sycara K. Developing trust in large-scale peer-to-peer systems [C] // IEEE First Symposium on Multi-Agent Security and Survivability. IEEE, 2004: 1-10.

[103] Zhang S., Zhang X., Wang B. History and future information based trust model in c2c e-commerce [C] //International Conference on Information Assurance and Security. IEEE, 2009: 491-494.

[104] Zhou B. Research on supply chain enterprise trust based on evolutionary game [C]. International Conference on Management Science & Engineering 19th Annual Conference Proceedings. IEEE, 2012: 664-668.

[105] Zhou R, Hwang K. Gossip-based reputation aggregation for unstructured peer-to-peer networks [C] //International Parallel and Distributed Processing Symposium. IEEE, 2007: 1-10.

[106] Zhou T, Lü L. Y., Zhang Y. C. Predicting missing links via local information [J]. The European Physical Journal B-condensed Matter and Complex Systems, 2009, 71 (4): 623-630.

[107] 柴国荣, 龚琳玲, 李振超. 产业集群合作创新中信任关系的演化博弈分析 [J]. 科技管理研究, 2011, 31 (2): 36-38.

[108] 陈超, 王汝传, 张琳. 一种基于开放式网络环境的模糊主观信任模型研究 [J]. 电子学报, 2010, 38 (11): 2505-2509.

[109] 陈建军. 供应链协同的知识转移研究 [J]. 科技管理研究, 2009, 29 (2): 177-179.

[110] 陈文波, 张璐, 刘建林, 等. 组织间信任和强制权力对跨组织信息系统应用的影响 [J]. 软科学, 2015, 29 (8): 107-110.

[111] 程柏良, 曾国荪, 揭安全. 基于自组织演化的多 Agent 可信联盟研究 [J]. 计算机研究与发展, 2010, 47 (8): 1382-1391.

[112] 贺锋, 宋华, 刘林艳. 信任和学习对供应链竞争力的影响——基于中国汽摩配件产业的实证研究 [J]. 经济管理, 2010 (7): 134-140.

[113] 胡和平, 刘海坤, 李瑞轩. 基于模糊理论的 P2P 网络主观信任模型-FSTM [J]. 小型微型计算机系统, 2008 (1): 17-21.

[114] 胡磊鑫. 新能源汽车产业链分析 [J]. 新经济, 2014 (26): 20-22.

[115] 华树鸿, 农艳艳, 李秀芬. 自治区财政多举措支持广西新能源汽车产业发展 [J]. 广西经济, 2017 (1): 41-42.

[116] 戢一鸣. 供应链合作的信任驱动 [J]. 兰州大学学报（社会科学版），2009, 37 (4)：94-97.

[117] 蒋洪伟，韩文秀. 绿色供应链管理：企业经营管理的趋势 [J]. 中国人口·资源与环境，2000 (4)：92-94.

[118] 柯洪，甘少飞，杜亚灵，等. 信任对 EPC 工程供应链管理绩效影响的实证研究——基于关系治理视角 [J]. 科技管理研究，2015, 35 (12)：194-202.

[119] 李凤岐，李光明，杨南海，俞闯，夏锋. TWIT：社交网络中局部信任值的双向计算 [J]. 计算机工程与应用，2016, 52 (4)：66-73.

[120] 李辉，李向阳，孙洁. 供应链伙伴关系管理问题研究现状评述及分析 [J]. 管理工程学报，2008, 22 (2)：148-151.

[121] 李亮，卢捷琦，季建华. 降低信息共享风险的价格补偿模式研究 [J]. 软科学，2014, 28 (7)：105-109.

[122] 李晓，刘正刚. 基于区块链技术的供应链智能治理机制 [J]. 中国流通经济，2017, 31 (11)：34-44.

[123] 林强，那仁高娃，许文婷. 面向过程的供应链企业合作信任机制研究 [J]. 天津大学学报（社会科学版），2012, 14 (3)：193-197.

[124] 刘斌. 关于借鉴美国加州零排放汽车法规在中国实施新能源汽车积分管理政策的思考 [J]. 新能源汽车新闻，2016 (9)：16-21.

[125] 刘纯霞，舒彤，汪寿阳，等. 基于小世界网络的供应链中断风险传导路径研究 [J]. 系统工程理论与实践，2015, 35 (3)：608-615.

[126] 刘宏鲲，吕琳媛，周涛. 利用链路预测推断网络演化机制 [J]. 中国科学：物理学力学天文学，2011, 41 (7)：816-823.

[127] 龙勇，赵玉竹. 供应链协同对产品创新的影响 [J]. 中国科技论坛，2016 (11)：19-25.

[128] 陆杉. 农产品供应链成员信任机制的建立与完善——基于博弈理论的分析 [J]. 管理世界，2012 (7)：172-173.

[129] 路松峰，刘芳，胡和平，刘巍锋. 一种节点信誉相关的 P2P 网络信任管理模型 [J]. 小型微型计算机系统，2009, 30 (11)：2139-2145.

[130] 吕琳媛. 复杂网络链路预测 [J]. 电子科技大学学报，2010, 39 (5)：651-661.

[131] 罗晓娜，史彦虎，朱先奇. 基于博弈的网络团购供应链信任协调机制研究 [J]. 数学的实践与认识，2014, 44 (22)：47-54.

[132] 苗世迪，滕春贤，鄢章华. 虚拟供应链成员企业间信任策略的博弈分析 [J]. 统计与决策，2011 (22)：64-67.

[133] 牛景春,申利民.基于声誉的供应链企业直接信任评估模型[J].计算机集成制造系统,2015,21(10):2732-2738.

[134] 牛学杰,李常洪.中国新能源产业发展战略定位、政策框架与政府角色[J].中国行政管理,2014(3):100-103.

[135] 石岿然,马胡杰,肖条军,等.供应链成员间信任关系形成与演化研究[J].系统科学与数学,2011,31(11):1386-1394.

[136] 石岿然,王冀宁,许景.供应链买方信任的前因及信任对合约修改弹性的影响[J].系统工程理论与实践,2014,34(6):1431-1441.

[137] 寿志钢,杨立华,苏晨汀.基于网络的组织间信任研究——中小企业的社会资本与银行信任[J].中国工业经济,2011(9):56-66.

[138] 孙洁,李辉.供应链企业信任诊断中指标权重的多专家协商确定方法[J].管理工程学报,2009,23(4):59-63.

[139] 孙军艳,王雯,傅卫平,等.轿车供应链复杂自适应系统演化规律[J].计算机集成制造系统,2016,22(8):2011-2022.

[140] 王道平,张大川,杨岑.基于加权网络的敏捷供应链知识服务网络演化[J].系统管理学报,2017,26(1):172-177.

[141] 王东,陈志,岳文静,刘亚威.使用贝叶斯网络的社交网络信任驱动推荐方法[J].计算机工程与应用,2017,53(9):146-151.

[142] 王玲.基于博弈论的供应链信任产生机理与治理机制[J].软科学,2010,24(2):56-59.

[143] 王先甲,周鑫.包含信任的供应链预测信息共享问题研究[J].软科学,2014,28(7):110-113.

[144] 王元,文兰,陈木法.数学大辞典[M].北京:科学出版社,2010.

[145] 王云儿.对企业构建逆向物流的探讨[D].西南交通大学,2004.

[146] 温承革,于凤霞.供应链企业信任关系的培育途径[J].中国软科学,2003(10):84-86.

[147] 夏德,程国平.供应链中的信用问题研究[J].科学学与科学技术管理,2003,24(6):115-117.

[148] 肖静华,谢康.组合与单一治理对供应链信息系统价值创造的影响[J].管理科学,2010,23(4):86-94.

[149] 徐刚,秦进.服务关系对供应链信息分享和信任决策的影响研究[J].运筹与管理,2015,24(5):11-17.

[150] 许淑君,马士华.我国供应链企业间的信任危机分析[J].计算机集成制造系统,2002,8(1):51-53.

[151] 鄢章华, 滕春贤, 刘蕾. 供应链信任传递机制及其均衡研究 [J]. 管理科学, 2010, 23 (6): 64-71.

[152] 闫妍, 刘晓, 庄新田. 基于复杂网络理论的供应链级联效应检测方法 [J]. 上海交通大学学报, 2010, 44 (3): 322-325.

[153] 杨瑾. 网络嵌入对大型复杂产品制造业供应链绩效的影响研究 [J]. 商业经济与管理, 2014 (3): 50-60.

[154] 杨琴, 陈云. 基于泊松过程的供应链复杂网络模型 [J]. 系统工程, 2012, 30 (9): 57-62.

[155] 叶春森, 汪传雷, 刘宏伟. 网络节点重要度评价方法研究 [J]. 统计与决策, 2010 (1): 22-24.

[156] 叶飞, 徐学军. 供应链伙伴关系间信任与关系承诺对信息共享与运营绩效的影响 [J]. 系统工程理论与实践, 2009, 29 (8): 36-49.

[157] 殷茗, 赵嵩正. 供应链协作信任影响因素的实证研究 [J]. 工业工程与管理, 2006, 11 (3): 80-85.

[158] 曾敏刚, 吕少波, 吴倩倩. 政府支持、信任与供应链外部整合的关系研究 [J]. 中国管理科学, 2014, 22 (12): 48-55.

[159] 詹涛, 周兴社, 杨刚. 基于相似度的分布式信任模型 [J]. 西北工业大学学报, 2010, 28 (1): 67-71.

[160] 张海燕, 张正堂. 匹配视角的制度信任与供应链节点企业协作有效性——基于多项式回归结合响应面分析法 [J]. 山西财经大学学报, 2017, 39 (8): 56-70.

[161] 张海燕, 张正堂. 制度信任偏离度对再次合作意愿影响实证研究 [J]. 软科学, 2017, 31 (3): 38-41.

[162] 张群洪, 刘震宇, 严静. 信息技术采用对关系治理的影响: 投入专用性的调节效应研究 [J]. 南开管理评论, 2010, 13 (1): 125-133.

[163] 张兴兰, 聂荣. P2P系统的一种自治信任管理模型 [J]. 北京工业大学学报, 2008 (2): 211-215.

[164] 张学龙, 王道平. 基于信任指标属性值的供应链成员聚类分析 [J]. 统计与决策, 2011 (3): 62-64.

[165] 张怡, 张鹏, 冯春. 人道救援物流快速信任的评估模型研究 [J]. 系统科学学报, 2016, 24 (3): 86-90.

[166] 赵钢, 杨英宝, 包旭. 供应链网络风险扩散动力学模型及其应用 [J]. 系统工程理论与实践, 2015, 35 (8): 2014-2024.

[167] 赵洁, 肖南峰, 钟军锐. 基于贝叶斯网络和行为日志挖掘的行为信任

控制[J]. 华南理工大学学报（自然科学版），2009，37（5）：94-100.

[168] 朱庆华，窦一杰. 绿色供应链中政府与核心企业进化博弈模型[J]. 系统工程理论与实践，2007，27（12）：85-89.

[169] 卓翔芝，王旭，代应. 供应链联盟伙伴企业间的信任评估模型[J]. 计算机集成制造系统，2009，15（10）：1946-1950.